高校生の ドロップアウトの 予防に関する研究

子どもたちが幸せに生きることのできる社会へ

Reiko Fujie

藤江 玲子

大学教育出版

はじめに

2009年（平成21年），「子ども・若者育成支援推進法」が制定された。この年，内閣府は，その5年前の2004年度（平成16年度）に高等学校を中途退学した人々を対象とした緊急調査を実施した（内閣府, 2009）。調査の中に，「これからの自分にとって大切なことは何か」という質問がある。回答の上位は，「自分で働いて収入を得ようとすること」（47.0%），「将来の希望を持つこと」（45.2%），「身のまわりのことを自分ですること」「自分に自信を持つこと」（いずれも40.5%）となっている。中途退学者が抱える困難と願いが伝わってくる。同報告書によると，調査票を送付した1,595人のうち，回答者があったのは168人。調査対象者の9割近い人々が，回答しない，あるいは，回答し得ない人々であった。その声にならない声をすべて聞くことができたなら，退学後の今を，どのように語るであろう。

筆者が高等学校に勤務していた30年余の間，多くの生徒が中途で学校を去っていった。退学から数年後に学校を訪れたある教え子は，苦痛に満ちた環境から抜け出すきっかけを探していた。その教え子を待っていたのは，生活の糧を得るための選択肢がきわめて少ない世界であった。別の生徒は退学後，逸脱行為に関わるようになり，その家族も大きな苦しみを負った。自分にできることがあったはずだという思いと悔いとが，筆者の胸を去らない。時が経ち，再会した元同僚も，長く同じ思いで過ごしてきたことを語った。教職員もまた，何とかしたいと願っている。

1人でも多くの子どもに，社会とつながって幸せに生きるための教育が保障されるように，筆者にできることは何か。その答えを探したいと願い，本研究に取り組み始めた。

本書は，筑波大学に提出した博士論文を，子どもの教育や支援に携わる方にもお読みいただけるように，加筆・修正したものである。本書が伝えることの多くは，教育や支援に関わる人々が感じていること，理解していることかもしれない。たとえば，「中途退学者」以外に高等学校を去っていく生徒がいるこ

と，ドロップアウトの要因は単一でなく複合していること，家庭が安定していない生徒はドロップアウトに至りやすいこと，学習の面でつまづきがちな子どもたちには早期の少人数の集団における指導が有効であることなどである。日々子どもたちを支える方々の思いを裏づけるものとして，本書のデータや考察や提言が，子どもや家庭や学校の困難を減ずることの重要性を社会に伝えるものとなれば，ありがたく思う。

　ドロップアウトに至った高校生たちは，本書の調査・研究の協力者として質問紙に記入したとき，まだ支援の手の届くところにいたのである。それぞれの困難を伝え得ずに，学校に通い続けていたかもしれない。そして，誠実な回答を残し，学校から去って行ったのである。そのデータを無にしてはならないと，幾たびも思った。

　研究を始めてから，17 年が経過した。その間に経済的な格差や貧困の問題はより深刻化し，コロナ禍が子どもたちにさらなる困難をもたらしている。本書が，ささやかながら，人が幸せに生きられる社会への一つのきざはしとなることを祈る思いである。

　2022 年 12 月

　　　　　　　　　　　　　　　　　　　　　　　　　　　　藤江玲子

高校生のドロップアウトの予防に関する研究
― 子どもたちが幸せに生きることのできる社会へ ―

目　次

本書の章構成

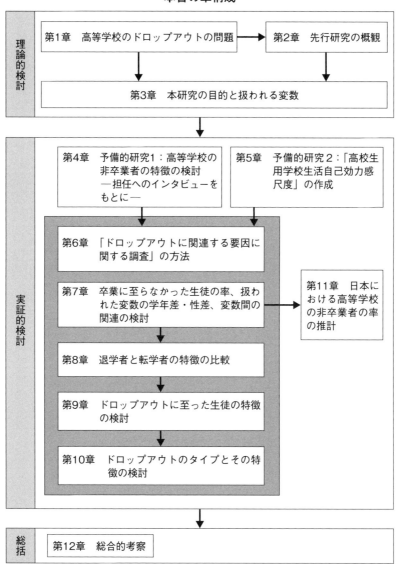

第 *1* 章
高等学校のドロップアウトの問題

要旨

　日本では，文部科学省によって公表される中途退学者数よりも多くの生徒が，卒業に至らずに高等学校を去っていることが指摘されている。高等学校の卒業に至らない生徒の問題を「中途退学」という枠組みの中だけで理解することは難しい。本研究では，問題をより広くとらえるために，海外の研究に通じる用語「ドロップアウト」を用いる。ドロップアウトは，個人と社会の双方に深刻な負の影響をもたらす。ドロップアウトの予防に向けた実効ある対策と，その基礎となる研究の進展が急がれる。

1. 1　用語「ドロップアウト」について

　日本では，文部科学省によって公表される中途退学者数よりも多くの生徒が，卒業に至らずに高等学校を去っていることが指摘されている（青砥，2009；馬頭，2016；乾・桑嶋・原・船山・三浦・宮島・山﨑，2012；酒井・林，2012；末冨・臼杵・大園・貞清・三林，2015）。文部科学省（2022b）によると，日本の 2021 年度（令和 3 年度）の全国の国・公・私立高等学校の中途退学者は 38,928 人（在籍比 1.2%）であった。文部科学省が「中途退学率」として公表しているのは，その年度の在籍者数に占める中途退学者数の割合で，ここでは「在籍比 1.2%」がその数値となる。これに対し，先に挙げた研究は，「中途退学者」以外に転居等の理由以外の転学や転編入先での除籍という形で高等学校を去っている生徒がいる事実に着目し，そうした生徒も含めた実態を把握する必要があることを指摘している。

　日本の社会では，これまで「中途退学」にのみ着目されることが多かった。しかし，上記のように，高等学校の卒業に至らない生徒の問題を「中途退学」という枠組みの中だけで理解することは難しい。米国心理学会によって編纂されている文献データベース PsycINFO では，シソーラス（"APA Thesaurus of Psychological Index Terms"）で検索用語 "school dropouts" を選択すると 2,840 の文献が見いだされる（2022 年 8 月時点）。本研究においては，高等学校の非卒業者の問題をより広くとらえるため，海外の研究に通じる用語「ドロップアウト」を用いる。

　"dropout" の定義は，研究や調査によってそれぞれである。たとえば，Alexander, Entwisle & Kabbin (2001) は，"dropout" を "leaving school at least once for an extended period of time prior to graduation for reasons other than illness（病気以外の理由で少なくとも 1 度は学校を離れること）" と定義し，Kearney (2008) は "School dropouts" を，"Premature and permanent departure from school before graduation（卒業前の早期のかつ永続的な学校

からの離脱）"と定義している。また，ドロップアウトの予防のための対策と検証に活用されている全米教育統計センター（National Center for Education Statistics: NCES）の指標"Status Dropout Rates"は，"the percentage of 16- to 24-year-olds who are not enrolled in school and have not earned a high school credential (either a diploma or an equivalency credential such as a GED certificate（16歳から24歳の人々のうち，高校に入学していない人及び高校の卒業証書または同等の資格を得ていない人を合わせた率）"である（NCES, 2020）。

　本研究においては，これらの定義を包括する形で，「ドロップアウト」を「高等学校を離脱すること，または高等学校の卒業に至らないこと」と定義する。したがって，本研究の「ドロップアウト」は，高等学校に入学後，退学や転学（転居によるものは除く）・休学・除籍等で学校を離脱する生徒及び高等学校の教育課程を修了しない生徒を含む。

1. 2　ドロップアウトの負の影響

　ドロップアウトは，個人と社会の双方に深刻な負の影響をもたらす。先行研究は，ドロップアウトがもたらすさまざまな負の影響について明らかにしている（Bowers, Sprott & Taff, 2013; Edmondson & White, 1998; Rumberger, 1987）。個人への影響としては，学力の低さがもたらす雇用の困難さ，失業率が高く生涯賃金が低いこと，健康の水準が低く平均寿命が短いこと，家庭経営や育児への負の影響，生活の質（Quality of Life: QOL）の低下，自己実現の困難さなどが指摘されている。また，社会への影響としては，個人への影響が次世代にまで及ぶこと，税収の減少，社会的サービスの請求の増加，犯罪率の高さ，政治への参加の低さなどが指摘されている。

　日本の高等学校への進学率は，戦後の1950年に42.5％であったが，2021年度には98.9％となり（文部科学省「学校基本調査」），労働市場は，後期中等教育までの修了を前提とする傾向がますます強まっている。高橋・玄田

（2004）は「（中卒者と高校中退者の）"厳しい"労働市場が実際にどのような状況にあるのかは，正確にはほとんどわかっていない」とした上で，47都道府県について検討を行い，若年失業率が高い地域は，同時に高校中退率が高い傾向が顕著に見られることを指摘している。また，455人のデータの分析から，高等学校の中途退学者は高校卒業者・中学校卒業者に対して就職率が有意に低く，正社員としての就業期間も短いことを指摘している。内閣府（2011），乾他（2012），片山（2018）は，中途退学者2,651人（有効回答数1,176人）のデータから，中途退学者が非正規の仕事に流入しやすく，正規の仕事に就くことができない実情を伝えている。小林（1993），青砥（2009），東京都教育委員会（2013）も，中途退学後の若者を対象とした追跡調査や聞き取り調査によって，その雇用状況の厳しさや生活の苦しさ，世代を越えた貧困の連鎖の様相を伝えている。

　医学の分野の研究では，齊藤（2000）が，中学校の病院内学級を卒業した不登校の生徒106人を対象とした調査を行い，高等学校卒業以上の学歴を有する人は，中学校卒業・高等学校中退の人々に比べて，10年後に社会に適応する率が有意に高いことを示している。

　司法の領域では，法務省法務総合研究所（2011）が，非行少年と若年犯罪者の8割以上が中学校や高等学校を卒業していないこと，対象者の22.7％が，中退を非行や犯罪の原因と認識していることを報告している。また，法務省法務総合研究所（2012）は，少年院新入院者のうち，高等学校退学者の構成比は高等学校卒業者の約2倍であることを示している。

　進行する格差社会の中，日本の子どもの相対的貧困率は，直近の大規模調査（2016年）で13.9％であり（厚生労働省，2017），約7人に1人の子どもが相対的貧困の中にあることが指摘されている。また，生活保護を受給している母子世帯の母親の55％が高等学校を卒業していないことも指摘されている（駒村・道中・丸山，2011）。2013年には「子どもの貧困対策の推進に関する法律」が施行され，高校生のドロップアウトの問題は，組織横断的に取り組まれるべき重要な課題となった。また，2019年には，「子供の貧困対策に関する大綱〜日本の将来を担う子供たちを誰一人取り残すことがない社会に向け

て～」が閣議決定された。その基本方針には，学校を地域に開かれたプラットフォームと位置付け，苦しい状況にある子どもたちを早期に把握し，支援につなげる体制を強化することが記され，「将来の貧困を予防する観点から，高校中退を防止するための支援や中退後の継続的なサポートを強化すること」がうたわれている。

　1979年，日本は，国際連合の「経済的，社会的及び文化的権利に関する国際規約」（社会権規約）を批准した。そのうち，中等教育・高等教育の無償化を漸進的に導入することを定めた条項（第13条2）については，長く，留保を継続してきた。しかし，2012年，留保が撤回され，日本も中等教育・高等教育の無償化への道を歩むこととなった。その歩みと，高等学校までの教育をより多くの子どもに保障するための取り組みの進展は，車の両輪とも言える。ドロップアウトの予防に向けた実効ある対策と，その基礎となる研究の進展が急がれる。

第2章

先行研究の概観

要旨

　米国と日本における研究を概観した結果，日本における5つの研究課題が見いだされた。それらは，次のとおりである。

(1)ドロップアウトの現状の把握

(2)ドロップアウトのリスク要因と保護要因に関する研究

(3)ドロップアウトのタイプに関する研究

(4)継時的な調査による実証的研究

(5)早期からの予防に関する研究

2. 1　米国の研究動向の検討

2. 1. 1　文献検索の方法

　文献検索は，2014 年 1 月に，PsycINFO を用いて行った。PsycINFO は，米国心理学会が提供する心理学，医学・精神医学，看護学，教育学等の心理学関連領域における包括的な書誌データベースで，50 か国 29 言語の学術雑誌，書籍，学位論文，引用文献等の文献情報が収録されている。文献研究を行った時期から本書の執筆時まで時が経過しているが，本研究の目的と方法を方向づけることとなった文献研究の内容を，以下にそのまま記載する。

　はじめに「主題」（"Subject Heading"）のフィールドに "dropout" を入れたところ，得られた文献には医療分野の文献等が含まれていた。そこで，対象を学校教育分野に絞るために，主題を "school dropouts" として検索を行った。その結果，2,028 件の文献が見いだされた。それらについて，"publisher location"（出版地域）を "us"（米国）として検索したところ，約 75%（1,515 件）が米国で出版されたものであった。米国では高等学校までが義務教育であり，その教育課程を修了しない人々（"dropouts"）の問題は，重大な社会問題として認識され，実証的研究が半世紀以上にわたって蓄積されている。また，後述するように，それらの研究がドロップアウトの現状の把握と対策の進展に寄与してきた。そこで本研究では，米国の先行研究を中心に，そこから得られた知見を整理することとし，2 種類の検討を行った。【検討 1】では，年代ごとに区切りながら，文献数の推移と背景（ドロップアウトの問題に関わる主要な政策）について検討を行った。【検討 2】では，文献の絞り込みを行い，日本の研究に示唆をもたらすと考えられる視点について検討を行った。

2. 1. 2　米国の文献数の推移と背景【検討 1】

　上記の"school dropouts"を主題とする文献 2,028 について，"methodology"
（方法）を"empirical study"（実証的研究）として検索したところ，約 62％
（1,258 件）が実証的研究であった。米国で出版された文献と実証的研究の文
献数の推移を 5 年ごとに区切り，集計した。結果を図 2-1 に示す。

　グラフは，文献総数と実証的研究が，米国で出版された文献数と連動して増
減していることを示している。米国内の状況を見ると，1960 年代からドロッ
プアウトに関する文献が増加している。この頃，米国ではジョンソン大統領が
低所得者層への教育を重視し，1964 年，「貧困との闘い」を国家の課題として
掲げた。米国の文献は，1989 年からの 5 年間に急増している。1989 年には，
大統領と全米知事会の共催による「教育サミット」が開催され，「2000 年まで
に高等学校の卒業率を少なくとも 90％以上にする」という目標が合意された
（Department of Education, 1991）。また，1992 年からドロップアウトの算出
方式が，連邦教育省（of Education）の全米教育統計センター（NCES）の方
式に統一され，ドロップアウト者の数の把握と，対策の実効性の検証に資する
こととなった（江澤, 1993）。文献数は，2009 年以降，また大きく伸びている。
この時期については，2005 年に全米知事会が，全知事の総意により，各州の

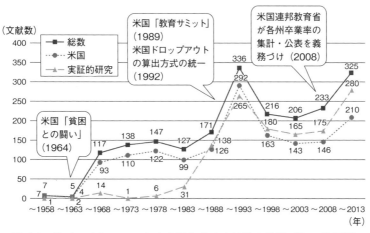

図 2-1　「school dropouts」を主題とする文献数の推移（PsycINFO）

高校卒業率の把握に努めることを決定。2008 年には，連邦教育省が連邦規則の改正によって，各州に卒業率の集計・公表を義務づけた（本多，2016）。

　検討の結果，米国の文献が文献総数の 4 分の 3 を占めるとともに，実証的研究の進展を支えている状況が認められた。また，文献数の増加が国の政策と連動している状況が見られた。とりわけ，貧困の問題と関わってドロップアウトの問題に国を挙げて取り組むことが合意された時期や，現状の把握のために政策が大きく進んだ時期に，実証的研究が進展していた。

2. 1. 3　日本の研究に示唆をもたらすと考えられる視点【検討 2】

　"school dropouts" を主題とする文献のタイトルについて，探索的に検討したところ，大学のドロップアウトに関する文献が見いだされた。そこで，key Concepts を "high school" として，高等学校のドロップアウトに関する文献に絞った。その中から，検索フィールドで，最初の検索時の直近の 10 年間（2004 ～ 2013 年）に出版された "peer reviewed journal"（査読つき雑誌），"authored book"（著書）または "edited book"（編著書）を選択したところ，117 件の文献が得られた（著書・編著書：13 件，レビュー論文：3 件，メタ分析：1 件，実証的研究：93 件，ドロップアウトの予防プログラムの検討等：7 件）。レビュー論文，メタ研究，実証的研究，著書・編著書の内容を検討したのち，被引用文献，関連がある文献へと検討の範囲を広げていった。

　検討の結果，日本の研究に示唆をもたらすと考えられる 5 つの視点が見いだされた。それらは，(1) ドロップアウトの生起率の検証，(2) ドロップアウトのリスク要因と保護要因，(3) ドロップアウトのタイプ，(4) ドロップアウトのプロセス，(5) ドロップアウトの予防策の構築，である。

　それぞれの視点について，先行研究によって示されている主な知見を以下に挙げる。なお，同じ北米大陸のカナダにおいても，米国の研究と影響関係を持ちながら本研究の目的に示唆を与えると考えられる研究が行われていたため，必要に応じて取り上げた。また，文献検索はその後も継続し，必要に応じて加筆していった。

(1) ドロップアウトの生起率の検証

　30 年余り前，Rumberger (1987)は，「合衆国のほんとうのドロップアウトの率を誰も知らない。高等学校のドロップアウトの一致した定義と，ドロップアウトの率を算出する標準的な方法が存在しないためである」と指摘していた。その後，前述のように，1992 年に全米教育統計センター（NCES）によってドロップアウト率を示す指標が統一され，国，州，学校区，学校における取り組みや事業の成果を示す指標として用いられることとなった。

　指標が統一された年（1992 年）に 11.0％であった米国全体のドロップアウト率は，その後減少し，2020 年には 5.3％となった（NCES, 2021）。とりわけ，貧困との関連が指摘されてきたマイノリティーのドロップアウトの減少がめざましく，黒人は 13.7％から 4.2％へ，ヒスパニックは 29.4％から 7.4％へと減少している。

　NCES が公表するドロップアウト率（"Status Dropout Rates"）」は，前述のように「16 歳から 24 歳の人々の中で，高等学校に入学していない人及び高等学校の卒業証書または同等の資格を得ていない人を合わせた率」である（NCES, 2021）。米国ではその後も，ドロップアウト率や卒業率の推計方法について議論が続き，国も複数の指標を示しながらこの問題の実態を伝えている（Heckman & LaFontaine, 2010; 本多 , 2016; United States Department of Education, 2020）。

(2) ドロップアウトのリスク要因と保護要因

1) リスク要因

　米国では，研究の蓄積がリスクの高い子どもの把握と，それに基づいた集中的・効果的な予防的介入や支援を可能にしてきた。とりわけ，対象者を継続的に追跡し，関連する要因を特定する縦断的研究が進展し，さまざまな知見を提供することとなった。

　Brooks-Gunn, Guo, & Furstenberg (1993)は，「かつては 2 変量の関係を検討するものが中心であったが，長期の調査を通じて就学前や小学校期の特徴を把握する必要がある」として，1968 年，ボルチモア市のデータを用いて 20

年にわたる縦断的研究を開始した。彼らは，アフリカ系の10代の母親が生んだ254人の子どもの追跡調査を行い，学校継続者とドロップアウト者の経歴を調査した。その結果，「長年にわたり父親がいること」「子どもの人生の初期に母親が教育に高い意欲を持っていること」「学校への心構えをさせること」「小学校の間に留年しないこと」が高校の卒業を予測し，それらが欠落していることがドロップアウトのリスクを高めることが示唆された。NCESも，1972年には全国的な縦断的調査である "National Educational Longitudinal Study of the High School Class of 1972" を始めるなど，米国では，各地で縦断調査が行われるようになった。

Battin-Pearson, Newcomb, Abbot, Hill, Catalano, & Hawkins (2000) は，学業や行動の問題がドロップアウトに及ぼす影響について研究を行った。彼らは，都市部の808人の5年生を対象として，10年生までの6年間，縦断的調査を行い，学業の達成の低さが，逸脱行動，学校との結びつきの弱さ，反社会的な友人との結びつき，性行動，家族の期待の低さ，性別，人種，社会経済的地位といった予測因子の影響を媒介することを指摘した。また，逸脱行動，反社会的な友人との結びつき，社会経済的地位は，直接ドロップアウトに影響していることを示した。

Croninger & Lee (2001) は，ドロップアウトのリスクの指標を作成した。彼らは，全国的な縦断調査である "National Educational Longitudinal Study" の10年生10,979人のデータを用い，ドロップアウトのリスク要因を組み合わせて，「社会的リスク」と「学業リスク」の指標を作成した。「社会的リスク」については，貧困，民族的・言語的マイノリティー，ドロップアウトをした母親や父親がいること，1人親世帯といった，5つの人口統計学的要因をいくつ持っているかということが検討された。「学業リスク」については，本人が高等学校から先の教育を希望しないこと，2〜8年生の間に1度以上留年していること，8年生の1学期に学業か行動の問題が2回以上通告されたこと，成績が低いことといった学校に関する要因をいくつ有しているかということが検討された。この研究では，約3分の1の生徒が，少なくとも1つの学業リスクを持ち，彼らは，学業リスクを持たない生徒の2倍，ドロップアウトに至

る傾向が認められた。一方，社会的リスクが1つ以上ある生徒は，学業リスクを持つ生徒も持たない生徒も，ともにドロップアウトの発生が1.5倍になった。

　Lever, Mark, Sander, Lomberdo, Randall, Axelrod, Rubunstein, & Weist (2004)は，先行研究に基づいてドロップアウトのリスク要因を10項目（「前の学年の留年」「低学力者」「低い自尊感情」「教師や仲間との頻繁な対決と受容されないこと」「学校への出席の少なさ」「学校と日課外の活動への低いレベルの興味と関わり」「不安定な家族生活」「妊娠」「薬物濫用」「破壊的な行動の履歴」）に整理した。その上でリスクの高い生徒を特定し，ボルチモア市の6つの高校が参加する予防プログラムを実施した。彼らはプログラムの効果が認められたことを報告するとともに，「ドロップアウトの予防は，それに関連した要因を特定することによって導かれるべきである」と述べている。

　2）保護要因
　Hawkins & Miller (1992)は，「リスク要因の中には変えることが不可能なものもあるため，予防のためには保護要因に関する研究が重要である」と述べている。保護要因は，人がリスクにさらされることの影響を和らげる。保護要因が特定できれば，それを高め，リスクに対処する方策を探すことができるという。米国の先行研究は，学校の継続に寄与するさまざまな要因の存在を示唆している。

　多くの研究が共通して重要性を指摘しているのは，子どもにあたたかい関心を寄せ，必要なケアや支援を提供する大人の存在である。Lever et al. (2004)が実施した前述のドロップアウト予防プログラムは，高校入学の1年前から卒業の1年後までの計5年間にわたって，個別の学習指導や職業指導，定期的なカウンセリング，卒業後の社会への適応までのケア等が提供された。このプログラムには，地域の職業関係機関，臨床家等の支援者も関わる。彼らは，プログラムの最も強力な要素について，「肯定的な大人との密接なつながりによるケアによって生徒のレジリエンスが高められることである」と述べている。

　Croninger & Lee (2001)は，"National Educational Longitudinal Study"の

データを用い，教員と生徒の関係とドロップアウトとの関連を検討した。調査は，生徒を対象とした調査（教師からどのぐらい多くのサポートを受けているか），教師を対象とした調査（生徒が学業に関することや個人的な問題について語ったか）によって構成されている。調査の結果，過去に学業上の困難を抱えていた生徒が学校を継続するためには，教員からの指導や支援がとりわけ有益であることが見いだされた。

Sroufe, Egeland, Carlson, & Collins (2005)は，19歳の若者へのインタビューを通じて，ドロップアウトに至った生徒には，その子に関心を寄せてくれる「特別な」教師が欠落していたことを挙げ，教師との関係が重要であることを述べている。

Knesting & Waldron (2006)は，ドロップアウトのリスクが高い生徒たちが学校を継続している要因について，半構造化面接と観察を通して検討を行った。そして，学校を継続する上で重要な要因は「目標の方向づけ」「規則を守る意志」であることを示唆した。また彼らは，生徒たちが学校に自分がとどまることを望み，援助してくれる人々がいることを認識していたことを報告し，「生徒たちは何かを信じることができていた」と述べている。そして，生徒の高校卒業の援助を可能にする5つの方法を示している。それらは以下のとおりである。

① 予防プログラムは重要ではあるけれども，生徒にそれを授けた教師によって適合するのであり，全力を傾け，世話をする教師が生徒の成功にとって重要である。

② 肯定的なことに焦点を当て，生徒がうまくできたことを賞賛することで，生徒は自分自身を力づけ，安全であると感じ，教師の支援に対して開かれる。

③ 高い期待を持ち，生徒の成功への可能性を信じる。

④ 生徒とよく語ることで，教師は生徒の持つ困難をよりよく理解できる。また，生徒の考えていることを知るために教師が充分な注意を寄せていることを生徒に伝えることができる。

⑤ 大人による小さな行動は，生徒の学校に対する態度に重要な影響を与え

るため，アイコンタクト，丁寧に話すこと，意見を求めること，積極的傾聴，そして無視されたと感じることがないように注意を払うことが必要である。

Schunk & Mullen (2012)は，学業の達成と関連が深く，ドロップアウトの予防において着目されるものとして，自己効力感（self-efficacy）を挙げている。Bandura (1977；1995)は，ある結果を生み出すための行動をどの程度うまく行うことができるかという個人の信念を，"self-efficacy" と呼んでいる。Bandura (1995)によると，自己効力感は人々の考え方，感じ方，動機づけ，生理反応，行為に影響を与える。同じ環境的ストレスにさらされたとしても，それを管理できると信じる人は平静でいられるが，自分でコントロールできないと信じる人は，ストレスに対して自分を衰弱させるものとみなすという。Caraway, Tucker, Reinke, & Hall (2003)は，自己効力感が学校の出席と関連があることを示しているが，ドロップアウトとの直接の関連は検討されていない。以上のことから，本研究では，ドロップアウトの予防に寄与する可能性のある心理的要因として，自己効力感に着目する。

(3) ドロップアウトのタイプ

ドロップアウトの予防において，対象者を均一のグループとして扱うことの限界は，早くから指摘されていた（Tessenneer & Tessenneer, 1958; Wells, Bechard & Hamby, 1989）。Janosz, LeBlanc, Bouleriee & Tremblay (2000)は，カナダのデータを用いた研究で，ドロップアウトのタイプに関する研究を行った。彼らは，1,588 人を対象とした 2 つの縦断的研究のデータを用いた研究で，ドロップアウトを以下の 4 つのタイプに分類した。それらは，「静かなドロップアウト」（穏健で学校への関与が高いか，学校での不品行の形跡がない）40％，「遊離したドロップアウト」（学校への関与は低いが，学業は平均で，学校での不品行は平均より低い）10％，(b)不適応的なドロップアウト（学校への関与が低く，学業不振を示す）40％，「成績の低いドロップアウト」（学校への関与が低く，深刻な学業不振を示す）10％である。また，タイプによって，学校での経験（学業，関与，問題行動，落第など），家庭の背景（社会経

済的地位，両親の学歴，両親のアルコール依存など），友人との関係（友人の有無，逸脱した仲間の有無など），余暇の過ごし方（ぶらぶらしている，パートタイムで働くなど），信念（権威を持つ人への尊敬，宗教的儀式，慣習的規範），逸脱行動（薬物使用，非行，逮捕など）といったリスクと考えられることとの関係もそれぞれ異なることが示された。

　このように，海外の先行研究では，対象者のタイプによって，関係するリスク要因が異なることと，対象に応じた予防や介入が必要であることが示唆されている。

（4）ドロップアウトのプロセス

　Finn (1989)は，ドロップアウトをプロセスとしてとらえる観点を提示している。彼は，先行研究のレビューを通じて，ドロップアウトを説明する2つの発達モデルを提案した。1つめは，「欲求不満 ― 自尊感情モデル」で，退学に先行する初期の事柄は，低い自尊感情，問題行動（授業のサボり，ずる休み，破壊的な行動，非行）をもたらす早期の学校における失敗である。時が経つと問題行動はさらに進んで，学業がしだいに損なわれ，さらに進んで自尊感情を低下させ，問題行動を増加させ，結局は，自分から学校を去るか，問題行動によって学校から排除される。2つめは，「関与 ― 一体感モデル」で，退学に先行する初期の事柄は，学校におけるさまざまな活動への関与（engagement）の欠如である，それらは学業不振をもたらし，学校との一体感を低下させる。時が経つと，学校との一体感の欠落は関与の少なさ，学業不振，さらなる学校との一体感の低下をもたらし，結局はドロップアウトに至るという。

　Alexander, Entwisle, & Kabbini, (2001)も，ドロップアウトをプロセスとしてとらえる視点を提示している。彼らは，ボルチモア市内の20校に入学した790人の子どものうち，調査プロジェクトの終了時まで残った663人の子どもを対象として研究を行った。その結果，ドロップアウトは長期の漸進的な不参加のプロセスであることと，ドロップアウトをするか，学校にとどまるかを予測する3つの要因が示された。それらは，学校での経験（成績，進路に

応じた職業訓練），行動面・態度面の関与が良好であるか否か，親に関する要因（社会経済的レベル・態度・行動・支援）であった。

　Rumberger (1987)は，ドロップアウトに関する文献のレビューを行い，ドロップアウトをプロセスとしてとらえる必要があることを指摘した。また，Rumberger & Lim (2008)は，1983年から2007年の25年間に，高等学校の卒業の可否の有意な予測因子を特定することを目的とした203編の研究を整理し，ドロップアウトと卒業のプロセスの枠組みと，そのプロセスに関わる要因を示した。図2-2は，その枠組みを邦語に置き換えたものである。ドロップアウトと卒業を，高校における生徒のパフォーマンスの特定の側面と見なし，そのパフォーマンスに影響を与える2種類の要因（『個人的要因』と『組織的要因』）が領域ごとに示されている。

　『個人的要因』は，4つの領域（「背景」「態度」「行動」「遂行能力」）に分けられている。「背景」に含まれる要因は，人口統計学的特性（性別・人種・障害の状態など），健康（心身の健康・妊娠など），以前の成績，過去の経験（就学前プログラムの参加など）である。「態度」に含まれる要因は，目標（教育への期待など），価値観，自己認知（自己概念・自己肯定感・ロー

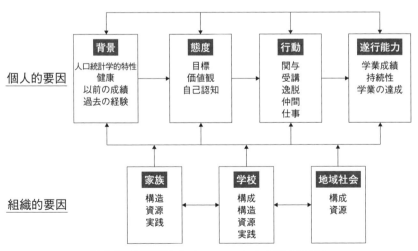

図2-2　高等学校のパフォーマンスの概念モデル
（Rumberger & Lim, 2008 から作成）

カス・オブ・コントロールなど）である。「行動」に含まれる要因は，関与（engagement），受講するコースのレベル，逸脱（学校での不適切な行動，非行，薬物やアルコール，出産など），仲間（友人のドロップアウトや逸脱など），仕事（週当たり 20 時間以上の仕事など）である。遂行能力に含まれる要因は，学業成績，持続性（転校など移動の有無），学業の達成（原級留置の有無など）である。

『組織的要因』は，3 つの領域（「家族」「学校」「地域社会」）に分けられている。「家族」に含まれる要因は，構造（家族の変化，家族のストレスや変化，住居の移動など），資源（社会経済的地位，親の教育レベル，所得など），実践（親の期待，宿題の監督など）である。「学校」に含まれる要因は，学生の構成（成績の平均，貧困やマイノリティーの率など），構造（場所，規模，公立・私立等の種類など），資源（生徒と教員の比率，教員の質など），実践（生徒と教員の関係など）である。「地域社会」に含まれる要因は，構成（失業者や貧困の率，所得，住民の構成など）と資源（制度，近隣とのつながり，社会資本など）である。

Rumberger & Rotermund (2012)は，前述のRumberger & Lim (2008)のレビューを踏まえ，ドロップアウトに関する研究が明らかにしてきた事柄を，総合的に以下の 5 点にまとめている。

① 学校にとどまるか去るかという生徒の決定を，ひとつの要因で完全に説明することはできない。

② ドロップアウトは，学校で起こるできごとの単純な結果ではなく，学校外の活動や行動も影響を与えている。

③ ドロップアウトは，ひとつのできごとというより，プロセスであり，多くの生徒にとって，そのプロセスは小学校の早期に始まる。

④ 研究者は，ドロップアウトに影響を与える可能性がある家族，学校，地域社会に関わる多数の要因を特定しているが，それらは経済的・人的資源のみでなく，援助的な関係が形作る社会的資源を含む。

⑤ 生徒が学校を去る理由はさまざまであるため，そのプロセスを説明する単一のモデルは存在しない。

　米国においては，縦断的調査による実証的研究が蓄積され，以上のように，ドロップアウトに関連する要因とプロセスについて，包括的なモデルを提示するに至っている。

(5) ドロップアウトの予防策の構築
1) 就学前教育と早期における少人数授業

　米国では，50 年以上前から，幼児期における予防の意義が着目されてきた。1962 年にミシガン州で，リスクが高い子どもを対象とした就学前教育プログラム「Perry Preschool Project」が始まった。よく知られるこのプログラムは，学校への適応が難しいと判断された 3 〜 4 歳の子ども（低所得層のアフリカ系アメリカ人でIQが 75 〜 85 の子ども）を対象として，訓練された教員による質の高い就学前教育を提供するものであった。プログラムは，少人数クラスの授業，毎週の家庭訪問，親を対象とする毎月の少人数グループミーティングが組み合わされたもので，効果を測定する追跡調査が現在も継続されている。プログラムを受けた子どもには，高等学校卒業率の高さが認められるとともに，27 歳時点の費用便益分析（cost benefit analysis）により，プログラムの費用 1 ドルあたり 7.16 ドルの公財政支出が削減されることが示唆された。また，40 歳までの就業率と平均収入の高さ，犯罪率の低さも示されている（United States. Department of Justice, 2000; Heckman & Masterov, 2007）。

　米国では，1965 年から国の事業として，低所得世帯を対象とする就学前のプログラム「Head Start Program」が実施され，高等学校の卒業率の向上を含む効果が示されてきた（Lee & Loeb, 1995; Currie & Thomas, 2000）。プログラムの主要な要素は，次のとおりである。

① 　読みと算数のスキル獲得を重視した教育活動とことばゲームなど
② 　子どもの人数対スタッフの人数がpreschool（注：kindergartenに通う前の子どもを対象とした保育学校）で 17 対 2，kindergarten（注：公立小学校付設の幼稚園で「K-12」と通称される米国の義務教育の 1 年目）で 25 対 2 と手厚いこと
③ 　親のためのプログラム（ペアレントルームでの活動，教室でのボラン

ティア，学校の行事や遠足への参加，親自身の高等学校の卒業など）

④　アウトリーチによる家庭の支援

⑤　正規職員全員が大学を卒業しており，幼児教育の専門家，公立学校の職員として認定され，相対的に高い給料が支払われる

⑥　健康診断，言語セラピー，看護，食事サービスを含む健康・栄養サービス

⑦　クラス規模の縮小（35 人以上クラスから 25 人クラスに），教員同士の授業サポート，構造化された教材，読みと算数の学力を保障するための個人活動を含む。

Reynolds, Ou, & Topitzes (2004) もまた，就学前の介入の重要さを示している。彼らは，「Head Start Program」と共通の内容を持つシカゴの Child-Parent Center のプログラムの参加者 1,404 人を対象とした縦断的調査を行い，プログラムが高等学校の卒業率を向上させ，少年非行を減少させたことを報告している。Heckman & Masterov (2007) は，これらの幼児期の介入の主な利点は，行動，動機づけ，および自己制御などの非認知的スキルを形成することであると述べている。Duncan, Ludwig, & Magnuson (2007) も，早期教育プログラムの評価に神経科学の研究の知見を加えた視点から，全国における 3 歳と 4 歳の子どもへの 2 年間の集中的な介入を提案し，個人や社会が受ける恩恵の大きさを示している。

Finn, Gerber, & Boyd-Zaharias (2005) は，テネシー州のクラス規模に関する研究「Star Project」の参加者（165 校 5,335 人）のうち，高校卒業の可否と幼稚園から 3 年生までの成績が判明している 4,948 人の子どもを対象として，幼稚園から高等学校卒業にわたる縦断的調査を行った。その結果，(1) kindergarten から小学校 3 年生の算数と読みの学力が，高等学校の卒業と強い関連があること，(2) kindergarten から小学校 3 年生の 4 年間，少人数のクラス（通常 22 〜 26 人であるのに対して 13 〜 17 人）で学習した子どもは，高等学校を卒業する可能性が有意に高く，とりわけ，クラスの人数の影響は，低所得世帯（無料給食対象）の子どもにおいて顕著であったこと，(3) 少人数のクラスがドロップアウト率に長期の影響を与えるのは，学業面の改善だけでなく，他のダイナミクス（子どもの態度やモチベーション，向社会的行動，学習

習慣など）と関連していることを推論している。

　前述の Perry Preschool Project, Head Start Program, Child-Parent Center Program はいずれも，少人数の授業を実施し，効果を上げたものであった。以上のように米国の先行研究は，少人数授業がリスクの高い子どもへの就学前教育と学校教育早期においてとりわけ重要であることを伝えている。

2) 幼児期の親への支援

Perry Preschool Project, Head Start Program, Child-Parent Center Program は，子どもへの教育に親への支援を組み合わせ，効果を上げている取り組みであった。Jimerson, Egeland, Sroufe, & Carlson (2000) は，親に関わる要因に焦点を当てて研究を行った。彼らは，177 人の子どもと，その家族を対象として 19 年にわたる縦断的調査を行った。ロジスティック回帰分析の結果，3 歳 6 か月の段階の親の養育の質が，将来のドロップアウトを 77％の正確さで予測したという。また，6 年生時における行動の問題が，ドロップアウトを予測する強力な変数であり，そこには，不適切な養育，支援の欠如，高いストレスといった生育歴が関わっていることが示唆された。

　また，Gregory & Rimm-Kaufman (2008) も，142 人の子どもを対象として，幼稚園から高等学校卒業にわたる縦断的調査を行った。その結果，人種・社会経済的状況・性別・IQ に関係なく，幼稚園におけるポジティブな母子の相互作用の質が高等学校卒業を促進することを見出し，家族を対象としたアプローチと，両親の応諾性を改善する介入が有望であろうと提言している。

　以上のように，米国の先行研究は，親の養育の質がドロップアウトと関わっていること，早期の親への介入や支援が，後のドロップアウトを予防する可能性を示唆している。

3) 地域社会の資源の活用

　米国の学校では，前述のように，地域ぐるみのドロップアウトの予防プログラムが実践され，その効果が報告されている。Lever et al. (2004) が実施した予防プログラムは，地域の職業関係機関と連携し，地域の資源を活用したもの

であった。

　また，Levin (2012)は，ドロップアウト予防に関するハンドブックにおいて，米国におけるメンタリング・プログラムの効果について触れている。米国では，さまざまな機関（例：Big Brothers Big Sisters, Blue Ribbon Mentor-Advocate）がメンター・プログラムを提供しており，ボランティアを基本とするメンターが，困難を有する子どもに伴走型の支援を行っている。Levin (2012)は，地域社会の大人は，学校の中にさまざまな可能性を運んでくること，どのような地域社会も，生徒にとってよいロールモデルであり，メンターとなる大人を含むこと，地域社会の組織がさらにその先の資源とつながっていることを伝え，メンタリングは他の取り組みと同様，注意深く計画・組織化されたとき，最も効果を発揮すると指摘している。

2. 2　日本の研究動向の検討

2. 2. 1　文献検索の方法

　日本の文献数の推移を検討するために，国立情報科学研究所が提供する国内刊行雑誌情報データベース（CiNii）を用いて，2014 年 1 月に文献検索を行った。検索は，6 種類の用語の組み合わせ（「高等学校・中途退学」「高校・中途退学」「高等学校・中退」「高校・中退」「高等学校・ドロップアウト」「高校・ドロップアウト」）によって行った。

　検索の結果，365 件の文献が見いだされた。内訳は，「高等学校・中途退学」83 件，「高校・中途退学」55 件，「高等学校・中退」28 件，「高校・中退」189 件，「高等学校・ドロップアウト」2 件，「高校・ドロップアウト」8 件であった。重複する 45 件を除外した 330 件について，内容の検討を行ったところ，学術雑誌や紀要等への掲載論文の他，官公庁や教育委員会の発行物，一般向けの雑誌・リーフレット・本，教育関係者向けの雑誌等の記事が多く含まれていた。文献の多くは，教育行政の立場からの指導資料，教育委員会・学校・教員等の

取り組みを紹介した実践報告，事例検討等であった。

　本研究では，米国の文献の検討結果と比較するために，ドロップアウトの生起率と，中途退学の要因に関連する研究を概観した。2014 年 1 月以後も随時検索を行った。

2. 2. 2　ドロップアウトの生起率に関する研究

　日本では，文部科学省が毎年，「児童生徒の問題行動・不登校等生徒指導上の諸問題に関する調査」（2015 年度以前は「児童生徒の問題行動等生徒指導上の諸問題に関する調査」）を実施し，その中で，高等学校の「中途退学」の状況を報告している。

　しかし，前述のように，報告される「中途退学者数」よりも多くの生徒が高等学校を卒業していないことが指摘されてきた。先行研究により，文部科学省の「中途退学率」の調査の課題として指摘されてきたことは，主に以下の 2 点である。

(1) 算出方法に関する課題

　文部科学省の「中途退学率」に関する調査の第 1 の課題は，算出方法の問題である。前述のように文部科学省が「中途退学率」として公表しているのは，その年度の在籍者数に占める中途退学者数の割合である（文部科学省，2022b）。これに対して，青砥（2009）は，単年度の在籍比を算出する方法では，中途退学者の率が，おおよそ現実の 3 分の 1 になると指摘し，より正確に中退率を把握しようとすれば，ある年度に入学した生徒の 3 年間の中退者数を調べ，それを，入学した時点の生徒数で割るべきであると述べている。青砥は，2002 年から 2005 年に全国の国公私立高校（全日制と定時制）に在籍した生徒数と，3 年後に卒業した数をもとに，非卒業者数を算出し，その率が 5 ％〜 8 ％で推移していることを指摘した。文部科学省が公表しているこの時期（2002 年度から 2007 年度）の「中途退学率」は，2.1 ％から 2.3 ％で推移しており（文部科学省，2022b），青砥の算出数値よりかなり低いものとなっている。乾他（2012）も同様の方法で推計卒業率を算出し，文部科学省が公表

している中途退学者の率と差があることを指摘している。

　その後の研究では，馬頭（2016）が，「中途退学率は，在籍者数と退学者から単純に算出されるため，正確ではない。むしろ，非卒業者をカウントする方がより，現実に近づく」と青砥と同様の指摘を行い，入学者が3年後，どれだけ卒業したのかを計算し，非卒業者の率を算出した。その結果，鹿児島県の平成21年度の卒業生（19年度の入学者）の非卒業率は8.1％，平成26年度の卒業生（23年度の入学者）の非卒業率は7.9％にのぼったという。また，大阪府では，平成26年度の卒業者（23年度の入学者）の非卒業率は12.4％で，ある高等学校では，300人いた入学者のうち，卒業できたのは130人ほどであったことが報告されている。

　末冨他（2015）は，文部科学省の「学校基本調査」を使用して，2002年度（平成14年度）から2012年度（平成24年度）における47都道府別の高校非卒業率を算出した。その方法は，「学年別生徒数」（高等学校1年時在籍者数），「卒業後の進路」（高等学校卒業者数）をもとに，以下の手順により算出するものであった。

　①　卒業率（％）を算出

　　　全日制3年後（定時制は4年後）の卒業者数／高校1年5月時点の高等

　　　学校在籍者数（全日制＋定時制，国公私立計）× 100

　②　非卒業率＝100％－卒業率

　試算の結果，最新年度の2012年度（全日制2010年度入学生，定時制2009年度入学生）の非卒業率は，全国で7.2％，最も高い大阪府で10.8％，最も低い富山県で4.8％であった。その研究の中で末冨他（2015）は，「学校基本調査」を用いることの限界として，定時制高校の3年制と4年制の分離ができず，便宜的に全員が4年後卒業として取り扱わざるを得なかったことを報告している。また，そこには通信制の生徒も含まれていない。

(2) 対象に関する課題

　先行研究によって指摘されている文部科学省の「中途退学率」に関する調査の第2の課題は，対象の問題である。酒井・林（2012）は，東京都教育委員

会のホームページのデータをもとに，都立高等学校の「在籍者減少率」を検討
した。それによると，平成 19 年度の 1 年生の 2 年後の「在籍者減少率」は，
全日制で 8.1％，定時制では 27.5％であった。彼らは，対象に「入学した高校
を親の転勤などを除く何らかの理由で辞めざるを得なくなったケースをすべて
包含することが望ましい」と指摘している。

　土岐（2014）は，ある公立高等学校の通信制課程を対象とした調査を行い，
入学者（転編入を含む）が 4 年間科目登録の手続きを取らないと除籍となる
こと，調査を行った 3 年間を通じて卒業した生徒の率が 40％台にとどまって
いたことを報告している。そして，中途退学に転学を加えた「広義の中退」の
実態を把握する必要があることを指摘している。通信制の除籍の問題は，国立
大学法人山梨大学大学教育研究開発センター・通信制高等学校の第三者評価手
法等に関する研究会（2011）も，通信制の高等学校への訪問インタビューを
通じて明らかにしている。たとえば地方のある高等学校では，履修登録をして
いない「不活動生」が，在籍者 2,158 人のうち 1,591 人（73.7％）おり，8 年
間不活動が続いた生徒を除籍することとしているという（ただし，面接を受け
て復学することが可能である）。同校の入学者は例年 200 ～ 240 人で，退学者
は 10 人前後，卒業者は 100 人前後（卒業率は 50％程度）であるという。また，
この調査では，2010 年度の入学者 242 人のうち，転入学生が 58.3％，編入学
生（中途退学等によりいったん学籍を離れて入学した生徒）が 20.2％を占め
ていたという。

　以上のように，文部科学省によって公表される「中途退学率」には高等学校
の非卒業者の現状が反映されていないことが指摘され，国の公表データや独自
に行った調査のデータから試算や推計が行われてきた。しかし，データ上の限
界があり，試算や推計にとどまらざるを得ない状況が続いてきた。

2. 2. 3　中途退学に関連する要因の研究

　中途退学の要因（理由，特徴として検討されているものも含む）に関する日
本の調査・研究には，大きく分けて，4 種類のデータ収集の方法が見いだされ
た。それらは，①教師や支援者を対象として，生徒に関する情報を収集したも

の（例：那須, 1991; 秦,1981），②高校生を対象として退学の意思や願望を調査したもの（例：古賀, 1999），③中途退学者等を対象として，中途退学後に調査を実施したもの（例：小林, 1993; 北大高校中退調査チーム, 2011; 乾他, 2012; 内閣府, 2011），④退学前から卒業の可否が把握されるまで継時的な調査を行うもの（例：片山, 2008; 榊原, 1991; 竹綱, 2001; 竹綱・鎌原・小方・高木・高梨, 2003; 竹綱・鎌原・小方・高木・高梨, 2009）である。

　この中で，教員の報告や解釈に基づくデータには，その信頼性に関して一定の限界があることは否めないこと，退学の意思と実際の退学には大きな隔たりがあることが指摘されている（片山, 2008）。また，本人を対象とした退学後の調査は，その後の状況が把握されるという点で意義が大きい一方，退学に関連する要因については，時間経過や，その後の経験によるバイアスが含まれる可能性があり，また，回答者が限られるという点でも限界も伴う。

　それに対して，縦断的調査では，高校生がまだドロップアウトをしていない段階で調査が行われ，後に卒業の可否を把握することを通じて，ドロップアウトに関連する要因が検討される。片山（2008）は，パネル調査を用いることで，データのバイアスを回避できること，中途退学の因果関係をとらえる上で，より正確な統計的推計が可能になること，中退発生メカニズムを時間的な流れの中でとらえることができるとしている。そこで，本研究ではパネル調査に着目し，その中で示されてきた知見を挙げる。

　榊原（1991）は，3校の高校1年生1,243人を対象とした調査のうち，2校分のデータを用いて，「中退群」と「非中退群」の比較を行った。この調査は，入学直後の1年生を対象とした質問紙調査を行い，翌年，学校を訪問し，中途退学をした生徒を把握するという方法で，「高校生活に対する意識」と「自己評価意識」について検討するものであった。調査の結果，中途退学者は，高校での学習活動やクラス・クラブ活動に消極的で，持続的な努力・向上の意欲が弱いと自己評価していること，他者からの自分に対する評価を気にせず，自らも悩む傾向が弱いこと，自己主張する傾向が強く，対人関係にも自信を持っているが自己に対する満足感が少ないことが報告されている。

　竹綱他（2003）の研究は，194名の高校生を対象として，高等学校入学か

ら卒業までの 3 年間にわたる調査を行い，中退に関わる要因を検討したものである。検討の結果，40 名の中退群と 154 名の卒業群との間に，「親の学校への関心」「学校への満足感」「学級の凝集性」「学業達成への自信」において有意な差があったことが示されている。

　片山（2008）は，5 校の高等学校入学者 1,395 人を対象として，高等学校入学から卒業までの 3 年間にわたる調査を行い，フリーター容認意識，学校への適応と中途退学との関連を検討した。その結果，退学をした学年によって退学に関連する要因は異なり，フリーター容認意識は，2 年時の中途退学者において有意に高かったことを報告している。また，1 年次の退学者も，2 年次の退学者も，学業成績が，不適応（自己評定による遅刻，行事や部活動への参加状況，教師の指導への態度など）を媒介として退学に影響している可能性があることを示唆している。

　日本においては，このように縦断的調査が行われているものの，散見するのみであり，また，海外のドロップアウトに関する先行研究の知見との統合が課題と言える。杉江・清水（2000）は，国内の研究を概観し，共有財産となるべき原理を追求する実証的研究が必要であると指摘している。日本において，縦断的調査が進展し，ドロップアウトに関連する要因が，より明らかにされていく必要がある。

2.3　日本における研究課題

　これまで，米国の先行研究から得られた知見と，日本の先行研究の動向について記してきた。ここでは，それらを踏まえ，日本における研究課題を整理する。

2. 3. 1　ドロップアウトの現状の把握

　米国では，前述のように，ドロップアウト率の算出方法が統一され，ドロップアウト予防のための対策の成果の検証に寄与することとなった。また，その後も米国ではドロップアウト率や卒業率の推計方法について議論が続き，国も複数の指標を提示して，この問題の実態を伝えている（Heckman & LaFontaine, 2010; 本多, 2016 ; United States Department of Education, 2020）。一方，日本においては，前述のように，文部科学省の「中途退学率」の調査には，算出方法と対象に関する課題があり，高等学校の非卒業者の現状が反映されていないことが指摘されてきた。国の政策立案や，地域・学校における対策の基礎となるドロップアウトの現状の把握と，そのための調査方法の開発が必要である。

2. 3. 2　ドロップアウトのリスク要因と保護要因に関する研究

　米国では，ドロップアウトのリスク要因，保護要因に関する実証的研究の蓄積が，リスクの高い子どもの把握と，集中的・効果的な予防的介入や支援を可能にした。要因が相互に関わりながら，ドロップアウトと関連することを示すモデルも提示されている。一方，日本においては，海外の先行研究の知見を踏まえ，ドロップアウトのリスク要因，保護要因を特定しうる実証的研究の進展が課題と言える。

　また，米国の先行研究において，ドロップアウトに関する研究の多くが焦点を当てているのは，社会経済的地位，親の学歴や職業，成績や出席状況，行動の特徴といった生徒の背景や，学校が把握することが可能な特徴である。心理的要因としては，Schunk & Mullen (2012)が，自己効力感が学業の達成において重要な役割を果たしていることを示唆しており，Caraway et al. (2003)も，学校の欠席と自己効力感との関連を示唆している。自己効力感については，日本でも児童・生徒の自己効力感が，出席日数や精神的健康，学習効果，進路に対する意識，ストレスに対する耐性等と関わっていることが示されてきた（江本，2000; 藤生，1996; 伊藤，2003; 松島，2001; 松田・藤生，2004; 中西，2004）。しかし，米国と同様に，中途退学等との関連は検討されていない。高

等学校の継続に寄与する保護要因の可能性を持つものとして，変容が可能であり，学業の遂行や行動に影響を与える認知的要因として，自己効力感に着目することは意義があると考えられる。

2.3.3　ドロップアウトのタイプに関する研究

　米国では，前述のように，ドロップアウトの予防において，対象者を均一のグループとして扱うことの限界が，早くから指摘されていた（Tessenneer & Tessenneer, 1958）。Wells et al. (1989)は，ドロップアウトの理由は多様であり，予防プログラムの構成や内容は，生徒をリスクにさらしている個人の特徴や状況に合ったものでなくてはならないと述べている。ドロップアウトのタイプに関する研究（Janosz et al., 2000）は，タイプが異なれば，関連するリスク要因も異なることを示唆するものであった。リスクの高い生徒を把握するための研究の必要性を先に述べたが，サブグループごとの検討を組み合わせることで，予防・介入への視点を得ることが可能になると考えられる。日本でも，ドロップアウトをタイプに分ける研究が行われているが（秦, 1981），教師によって把握された生徒の特徴をもとにしたタイプ分けで，高校生自身の内面的な特徴をもとにタイプを検討することは行われていない。

2.3.4　継時的な調査による実証的研究

　米国では，縦断的調査の進展により，ドロップアウトのプロセスに関する理解が進み，包括的な知見が提供されている。米国では，大規模な縦断調査が実施されており，そのデータの蓄積が，研究の進展に寄与してきた。たとえば"The National Longitudinal Study of Adolescent Health"を使用した研究（Alexander et al., 2001），"The National Educational Longitudinal Study"を使用した研究（Croninger & Lee, 2001），"The Beginning School Study"を使用した研究（Hawkins, Jaccard & Needle, 2013）などである。

　前述の通り，文部科学省が「中途退学率」として公表しているのは，単年度における，在籍者数を分母とした中途退学者数の割合である。また，中途退学の要因に関する縦断的研究も行われているが，その数は少なく，明らかにされ

ていることも多くない。ドロップアウトの現状や関連する要因を明らかにするためには，単年度のデータを抜き出すタイプの調査ではなく，継時的な調査が必要である。

2.3.5 早期からの予防に関する研究

前述のように米国では多くの縦断的調査により，幼児期からのリスク要因が明らかにされ，ハイリスクの子どもや家族への支援に多大な予算が投じられている。親への支援を組み合わせた就学前教育と学校教育における少人数のクラスが，ドロップアウトの予防効果を高めるものであることも示され，就学前教育と少人数クラスにおける学習が，子どもたちに提供されている。また，高等学校では，先行研究を土台としてハイリスクの生徒を対象とした地域ぐるみの予防プログラムが実施され，ドロップアウト率が低減したことが報告されていた。

一方日本においては，前述の通り，文献の多くが指導資料，実践報告，事例検討等であり，海外で進展してきた実証的研究を踏まえ，予防策を提言し，政策立案に寄与する研究の進展が課題である。

第*3*章
■
本研究の目的と扱われる変数

要旨

　本研究の第1の目的を，日本における高校生のドロップアウトの現状を検討することとする。第2の目的を，ドロップアウトのリスク要因と保護要因の検討を行うこととする。その際，ドロップアウトのタイプと，それぞれのタイプに関連する要因についても検討を行う。検討にあたっては，学校が把握している学業・行動等に関する要因に加え，高校生の精神的健康や心理的要因に焦点を当てる。本研究では特に，保護要因の可能性を持つものとして，生徒の行動変容につながる認知要因である自己効力感に着目する。扱われる変数相互の関係についても検討を行う。

3. 1　本研究の目的

　第2章では，米国と日本における研究を概観した結果，日本における5つ
の研究課題が見いだされた。それらは次のとおりであった。

(1) ドロップアウトの現状の把握

(2) ドロップアウトのリスク要因と保護要因に関する研究

(3) ドロップアウトのタイプに関する研究

(4) 継時的な調査による研究

(5) 早期からの予防に関する研究

　このことを踏まえ，以下のように本研究の目的を設定する。

　本研究の第1の目的を，日本における高校生のドロップアウトの現状を検
討することとする。第2の目的を，ドロップアウトのリスク要因と保護要因
の検討を行うこととする。その際，ドロップアウトのタイプと，それぞれのタ
イプに関連する要因についても検討を行う。その検討は，継時的な調査を実施
することにより行う。それらを通じて，予防に必要な知見を得ることとする。

3. 2　本研究で扱われる変数

　本研究においては，第2章のRumberger & Lim (2008)のモデル（図2-2）
を参考に，個人と環境に関わる各領域の要因が相互につながりあって，ドロッ
プアウトに関連しているという枠組みを仮定する。図3-1 は，本研究で扱われ
る変数を，その枠組みの中に置いたものである。本研究では，国内外の研究に
おいて検討されてきた学業・行動等に関する要因に加え，精神的健康や心理的
要因に焦点を当てる。特に，保護要因の可能性を持つものとして，生徒の行動
変容につながる認知要因である自己効力感に着目する。また，また，扱われる

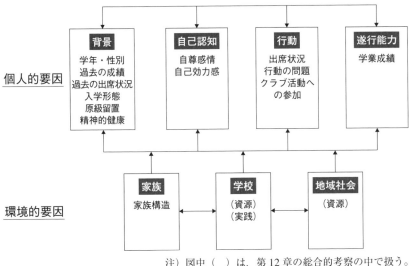

個人的要因

環境的要因

注）図中（　）は，第12章の総合的考察の中で扱う。
図3-1　本研究で扱われる変数

変数相互の関係についても検討を行う。

　なお，環境的要因のうち，学校，地域社会に関する要因については，総合的
考察（第12章参照）の中で扱う。

3.3　倫理的配慮

　本研究における一連の調査では，対象となる学校の学校長に，文書及び口頭
で，倫理的配慮事項（データは研究のためにのみ使用すること，学年・組・番
号の記載を求める調査においてその目的は時系列データ間の関連を検討するた
めで，個人を特定するためのものではないこと，データは厳重に管理するこ
と，学校や生徒に迷惑をかけることも一切ないこと，生徒の回答は自由意思に
よること）を伝えた。また，生徒対象調査では質問紙にその旨を記載した。

　データの扱いについては細心の注意を払い，個人情報を削除し電子化しイン
ターネットへの流失のおそれのないパソコンで分析を行った。これらのデータ

は研究終了後一定期間経過後，復元できないような消去を行う予定である。回答済みの質問紙は鍵の掛かるロッカーに厳重に保管し，集計後，粉砕・破棄した。データの公表にあたっては，学校や生徒の特定を避けるための倫理的配慮として調査実施年を「X年」と表記することとする。

3. 4　高等学校からの離脱に関連する用語

　本研究では，入学した高等学校に通学しなくなった状況（不登校・長期欠席を除く）を「高等学校からの離脱」と表現する。高等学校からの離脱の種類と段階を図3-2 に示した。高等学校からの離脱には，複数の種類や段階がある。「転学」「退学」「除籍」に関する法令上の規程等について，以下に述べる。

3. 4. 1　転学
　高等学校の「転学」について，「学校教育法施行規則」第92条は，「他の高等学校に転学を志望する生徒のあるときは，校長は，その事由を具し，生徒の

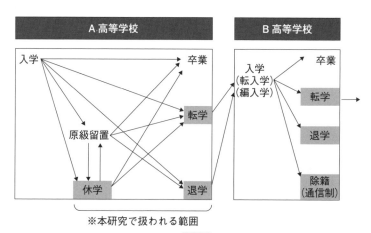

注）「高等学校からの離脱」の種類を ▢ で表示した。

図 3-2　高等学校からの離脱の種類と段階

在学証明書その他必要な書類を転学先の校長に送付しなければならない。転学先の校長は、教育上支障がない場合には、転学を許可することができる」と規定している。また、「転学」の手続きについては、各都道府県教育委員会の規則で規定されており、たとえば「長野県高等学校管理規則」は、「他の高等学校に転学しようとする者は、保護者と連署した転学願を校長に提出しなければならない（第25条）」と定めている。本研究においても、ある高等学校から他の高等学校に学籍を移すことを表す語として、「転学」を用いる。また、転学する生徒を「転学者」と記載する。

3. 4. 2　退学（中途退学）

「学校教育法施行規則」第92条は、「休学又は退学をしようとするときは、校長の許可を受けなければならない」と規定している。また、文部科学省は「児童生徒の問題行動・不登校等生徒指導上の諸課題に関する調査−用語の解説」において、「退学者とは、年度の途中に校長の許可を受け、又は懲戒処分を受けて退学した者等をいい、転学者及び学校教育法施行規則の規定（いわゆる飛び入学）により大学へ進学した者は含まない」と記載している。本研究では、年度の途中及び年度末に退学の手続きを経て学校を去ることを表す語として、「退学」または「中途退学」を用いる。また、退学する生徒を「退学者」または「中途退学者」と記載する。いずれも、文部科学省の定義と同様に、「転学」は含まないこととする。

3. 4. 3　高等学校からの離脱

休学については、退学と同様に「学校教育法施行規則」第92条に「校長の許可を受けなければならない」と規定されている。休学許可の期間は「3か月以上1年」「3か月以上2年」等、都道府県によりそれぞれで、所定の期間が満了しても復学できない場合は退学させる旨を示している場合もある。

3. 4. 4 除籍

　通信制課程には，転編入学の後，一定期間科目登録を行わないことにより，除籍という形で学校を去る生徒が存在することが指摘されている（国立大学法人山梨大学大学教育研究開発センター・通信制高等学校の第三者評価手法等に関する研究会, 2011; 土岐, 2014）。「除籍」については，国の法令上の規定はない。

第**4**章

予備的研究 1
高等学校の非卒業者の特徴の検討 ― 担任へのインタビューをもとに ―

要旨

　地方の全日制普通科の高等学校に入学した生徒 122 人について，ホームルーム担任へのインタビューを通じて，卒業予定年度末の動向と生徒の特徴について調査を行った。その結果，退学，転学，休学に至った生徒は，共通して，さまざまな困難を複合して有していたことが明らかになった。また，転学はいずれも，進級に必要な単位を修得できなかった結果として選択されたものであった。

4.1 目的

　第2章では，先行研究のレビューをもとに，ドロップアウトの予防が進展するためには，対策と検証の土台となる現状把握が必要であることを指摘した。本章では，本書の中心的な研究となる継時的調査の予備的な調査として，ホームルーム担任へのインタビューをもとに，高等学校に入学後，卒業に至らなかった生徒の個々の特徴の検討を行う。

4.2 方法

4.2.1 調査対象と調査時期

　調査協力校として了解が得られた高等学校は，幅広い学力の生徒が進学する全日制普通科の高等学校である。（X－2）年度に入学した生徒122人について，元ホームルーム担任3人を対象として調査を行った。

　調査は，X年3月下旬～4月上旬にかけて実施した。

4.2.2 手続き

　学校長の許可を得た上で，学年主任に各ホームルーム担任用のチェックリストを渡し，学年としての取り組みを依頼した。後日，元ホームルーム担任に個別に面接し，生徒の状況についてインタビューを行いながら，チェックリストを回収した。

4. 2. 3 調査内容

第 2 章で示したドロップアウトのリスク要因に関する先行研究をもとに,調査項目を選定し,以下の①,②について情報収集を行った。

① 入学者の 3 年後（卒業予定年度末）の卒業者及び非卒業者の人数と内訳

② 非卒業者の特徴

・卒業に至らなかった理由またはきっかけ

・学業成績：中途退学によって年度末の成績がつかない生徒がいることを想定し,高等学校が把握している中学 3 年の評定（絶対評価の 5 段階評定）で 1 を有していたか否か,回答を依頼した。

・出席状況：Lever et al. (2004) の予防プログラムで採用されている 15％の基準を採用し,非卒業者について,中学校及び高等学校のいずれかの学年で基準以上の欠席があったか否か,回答を依頼した。

・原級留置の経験の有無

・破壊的な行動の有無

・教師との対立の有無

・生徒との対立の有無

・授業中の行動の問題の有無：授業中の行動の問題がある生徒について,面接時に具体的な状況についてインタビューを行った。

4. 3 結果

（X − 2）年 4 月に入学した生徒 122 人のうち,3 年後（卒業予定年度）のX 年 3 月に卒業した生徒は 107 人（87.7％）であった。非卒業者は 15 人（12.3％）で内訳は,中途退学者 8 人（6.6％）,転学者 4 人（3.3％）,休学者3 人（2.5％）であった。転学はいずれも進級に必要な単位を修得できなかった結果として選択されたものであった。転学先は,通信制課程または単位制で

あった。

　非卒業者の動向と特徴を表4-1に示す。中学3年の評定（絶対評価の5段階評定）については，1を有していた生徒に*を付した。また，中学・高校の欠席については，Lever et al. (2004)の予防プログラム対象者としてリストアップされる15%の基準を採用し，中学校および高等学校の1年・2年・3年のいずれかでそれを超えていたものに*を付した。その他の項目については，ホームルーム担任が該当していると回答した生徒の欄に*を付した。「授業中の行動の問題」については，インタビューにより得られた情報を記載した。

表4-1　非卒業者の特徴（*n* = 15）

生徒	動向	卒業に至らなかった理由またはきっかけ	中学[注]成績	中学[注]欠席	高校[注]欠席	原級留置	問題行動	教師との対立	生徒との対立	授業中の問題
A	退学	対人関係の問題	*	*						集中困難
B	退学	対人関係の問題	*	*				*		
C	退学	問題行動	*				*		*	集中困難
D	退学	不登校傾向	*	*						
E	退学	不登校傾向								
F	退学	不本意入学・意欲喪失	*	*						
G	退学	不本意入学・学業不振			*					集中困難
H	退学	学業不振	*	*		*		*		
I	転学	対人関係の問題	*	*			*		*	集中困難
J	転学	対人関係の問題	*	*						
K	転学	学業不振								
L	転学	学業不振	*							集中困難
M	休学	不登校傾向		*	*	*				
N	休学	意欲喪失		*			*			
O	休学	欠課時数オーバー	*		*	*	*		*	集中困難

注）1　生徒Aから生徒Oまでの15人について，ホームルーム担任から報告された特徴として該当するものに*を記した。
　　2　「中学成績」：中学3年の評定に1科目以上の1があった生徒
　　　　「中学欠席」：中学1年・2年・3年のいずれかで欠席日数が15%を超えていた生徒
　　　　「高校欠席」：高校1年・2年・3年のいずれかで欠席日数が15%を超えていた生徒

　学業に関わる問題（中学の成績・欠席，高等学校の欠席）は非卒業者 15 人中 14 人に認められ，退学者・転学者・休学者にわたっていた。原級留置は，15 人中 3 人が経験しており，1 人は退学に，2 人は休学に至っていた。問題行動は，15 人中 4 人に認められ，退学者・転学者・休学者にわたっていた。教師との対立は 15 人中 2 人に認められ，いずれも退学に至っていた。生徒との対立は 15 人中 2 人に認められ，退学者と転学者にわたっていた。授業中の行動の問題については，集中困難が 15 人中 6 人に認められ，退学者・転学者・休学者にわたっていた。インタビューの結果，転学はいずれも，進級に必要な単位を修得できなかった結果として選択されたものであった。転学先は，通信制課程または単位制高校であった。

　一方で，中学の成績の低さ，欠席の多さ，高校の欠席の多さ，問題行動，授業中の行動の問題を複数有していても卒業していった生徒が多く存在したことが，ホームルーム担任から報告された。

4. 4　考察

　本章では，ホームルーム担任へのインタビューをもとに，高等学校に入学後，卒業に至らなかった生徒の個々の特徴の検討を行った。検討の結果，退学，転学，休学に至った生徒は共通して，先行研究でドロップアウトのリスク要因とされている困難を複合して有していた。また，転学はいずれも，進級に必要な単位を修得できなかった結果として選択されたもので，「積極的な進路変更」（文部科学省，2008；2022C）に相当する転学は，本調査においては認められなかった。

　一方で，本研究において新たに見出された非卒業者の特徴もあった。それらは，対人関係の問題，不本意入学，そして集中困難である。このうち不本意入学は，高等学校までが義務教育であり，多くの生徒が地域の高等学校に入学する米国と異なり，入学試験を通過して高等学校に進学することが一般的な日

本において特有な要因と考えられる。対人関係の問題や集中困難については，さまざまな背景があることが考えられる。また，生徒が抱える困難な状況は，ホームルーム担任の目から見ただけでは把握しきれない部分があると考えられる。非卒業者の特徴について，ホームルーム担任と高校生の双方を対象とした調査による，より踏み込んだ検討が必要である。

第 *5* 章

予備的研究 2
「高校生用学校生活自己効力感尺度」の作成

要旨

　自己効力感とドロップアウトとの関連を検討するため，学校生活の具体的な場面に関する自己効力感を測定する尺度を作成した。はじめに項目プールを収集するための調査を実施したのち，尺度構成を行った。作成された尺度は 50 項目で，5 下位尺度（「対人関係に関わる自己効力感」「社会的役割に関わる自己効力感」「セルフコントロールに関わる自己効力感」「学業に関わる自己効力感」「問題解決に関わる自己効力感」）によって構成された。

5.1　目的

　第3章で述べたように，本研究では，ドロップアウトの予防に寄与する心理的要因として，自己効力感に着目する。Schunk (2004)は自己効力感について，本来，特定領域で構成されるものであるとしている。松田・藤生（2004）は，中学生を対象として，7つの領域の自己効力感と適応との関連について調査を行った。その結果，「授業・学習についての自己効力感」「リーダー的役割遂行についての自己効力感」「部活動についての自己効力感」「忍耐を要することについての自己効力感」「対人関係における自己効力感」の5領域の自己効力感が，欠席日数と負の相関があることを示している。また，すべての領域の自己効力感が，「学校生活サポートテスト」（杉原・藤生・熊谷・山中，2002）によって測定された中学生の不適応傾向と負の相関があることを示している。さらに，中学生の自己効力感に学年差と性差が見られたことも報告している。

　一方，高校生用の同様の尺度は作成されておらず，中途退学またはドロップアウトとの関連を検討する研究も，これまで実施されていない。そこで，本章では，高校生の適応に関わる学校生活の具体的な場面に関する自己効力感を測定する尺度を作成する。はじめに項目プールを収集するための調査を実施したのち，尺度構成を行う。

5.2　項目プールの収集

5.2.1　方法

　調査は，協力を得られた全日制普通科の公立高等学校2校の生徒132人（男子55人，女子79人）を対象として，X年1〜2月に実施した。学校長に許可

を得た上で，各学年主任を経由して，ホームルームの担任に調査を依頼した。

　松田・藤生（2004）の中学生用学校生活自己効力感尺度に倣い，適応に関わる場面について項目プールを集める質問紙を作成した。質問①「学校生活が楽しいとか，学校へ行きたいと思ったのは，どんなときか」，質問②「学校生活がいやだとか，行きたくないと思ったのは，どんなときか」の 2 点について，自由記述式で回答を求めた。

5. 2. 2　結果

　質問①で 393 件（1 人あたりの平均は 3.0 件），質問②で 428 件（1 人あたりの平均は 3.2 件）の回答が得られた。対象者の人数と，自由記述の反応数を表 5-1 に示す。

表 5-1　自由記述反応数内訳

		人数			質問① 反応数	質問② 反応数
		男子	女子	合計		
A 高校	1 年	11	25	36	109	112
	2 年	11	19	30	94	115
	3 年	12	18	30	84	89
B 高校	2 年	19	17	36	106	112
合計		55	79	132	393	428
平均反応数					3.0	3.2

　自由記述の項目について，大学院生 4 人，大学院研究生 1 人，学部生 1 人でKJ法による分類を行った。最終的に，合計 821 の場面が「進路・学習」「教科外活動」「対人関係」「心身の状態」の 4 カテゴリーに分類された。その内容を表 5-2 に示す。

　この分類と項目の内容をもとに，項目プールを作成した。その際，高校生が答えやすいように，より具体性を加えるよう留意した。「進路・学習」の「進路」の領域については，冨安（1997）の「大学生用進路決定自己効力感尺度日本語版」を参考にした項目も追加した。作成した質問項目は，50 項目となった。項目プールの内容を表 5-3 に示す。

表5-2　KJ法による自由記述の場面分類

①学校生活が楽しいとか，学校へ行きたいと思ったのはどんな（どのようなことがある）ときですか。これまでの高校生活を振り返り，具体的な場面を5つ以上お書きください。

分類	項目	反応数
進路・学習	将来を考えるとき	4
	勉強したいとき	3
	試験があるとき	2
	試験ができたとき	2
	勉強がわかったとき	2
	好きな授業があるとき	30
	楽しい授業があるとき	7
	嫌いな授業がないとき	8
	体育があるとき	19
	授業が楽なとき	5
	半日授業のとき	21
	授業がないとき	3
教科外の活動	部活動が充実しているとき	38
	クラスマッチの日	19
	文化祭の日（含・準備）	18
	楽しみな行事があるとき	40
	図書館に行きたいとき	2
	本を読んでいるとき	1
	休み時間・放課後	2
対人関係	友人とうまくいっているとき	9
	友人と過ごすとき	76
	好きな人と過ごすとき	8
	苦手な人がいないとき（先輩）	2
	苦手な人がいないとき（先生）	2
心身の状態	目覚めがよいとき・気分がよいとき	26
	さびしいとき	3
	家にいたくない気分のとき	4
	休み明け	5
	つまらないとき	12
	弁当が楽しみなとき	3
その他	分類・解釈不能	17
合計		393

②学校生活がいやだとか，学校へ行きたくないと思ったのはどんな（どのようなことがある）ときですか。これまでの高校生活を振り返り，具体的な場面を5つ以上お書きください。

分類	項目	反応数
進路・学習	進路で悩むとき	2
	課題・宿題があるとき	4
	テストがあるとき	42
	勉強がわからないとき	2
	嫌な授業があるとき・授業が嫌なとき	66
	発表があるとき	3
	好きな授業がないとき	3
教科外の活動	部活動	8
	そうじ	2
	行事	16
対人関係	対人関係がうまくいっていないとき	61
	先生がいやなとき	3
	叱られたとき（校則のことなどで）	5
心身の状態	眠いとき・寝坊したとき	34
	忘れ物をしたとき	2
	嫌なことがあった後	8
	心の不調	14
	体の不調	26
	だるいとき・疲れているとき	19
	つまらないとき	12
	めんどうくさいとき	13
	容貌が気になるとき	3
	寒いとき・暑いとき	32
	休み明け	14
	家に楽しいことがあるとき	7
その他	休みの日	2
	分類・解釈不能	25
合計		428

表5-3　尺度作成のための項目プール

進路	自分の5年後を思い描くことができる
	生き方の上で理想とする人を思い浮かべることができる
	将来自分が働いている姿を思い浮かべることができる
	自分の性格にあった進路をいくつか挙げることができる
	興味のある仕事（または学問）を挙げることができる
	興味のある仕事（または学問）について調べることができる
	将来の目標のために努力をすることができる
	進路について親と話し合いをすることができる
	進路について誰かの経験を聞き参考にすることができる
	進路について先生に相談できる
学習	授業のノートを取ることができる
	課題や宿題が出ると最初からあきらめてしまう
	授業用のプリント類をうまく整理できない
	関心を持てる授業がある
	試験勉強をやってもどうせできないと思う
	人の前で自分の意見を発表することができる
	苦手な授業でも何とかがんばろうと努力できる
	勉強がわからないときに先生に質問することができる
	勉強がわからないときに友人に聞くことができる
	1冊の本を最後まで読み終える自信がない
	国語の授業についていくことができる
	社会の授業についていくことができる
	数学の授業についていくことができる
	理科の授業についていくことができる
	英語の授業についていくことができる
	体育の授業は苦手だ
教科外の活動	関心を持てる行事が学校にある
	部活動に関心を持てない
	係や委員などの責任を果たすことができる
	人の役に立つために何かができる
	そうじの時間に自分の役割を果たすことができる
対人関係	困ったときには友人に相談することができる
	自分の感情を人に伝えることが苦手だ
	友人に頼みごとをすることが苦手だ
	人からいやなことをされたときにいやだと言うことができる
	人が大勢いる中ではうまくふるまえない
	苦手な人とも話すことができる
	困ったことがあったら先生に相談できる
	新しい友達を作るのが苦手だ
	感情的にならずに人と話すことができる
	友達とうまくやっていくことが苦手だ
	異性とうまく関わることが苦手だ
	人の会話の輪の中に自分から加わっていくことができる
	休み時間にくつろぐことができない
	自分から人に挨拶することができる
心身の状態	遅刻をせずに学校へ来ることができる
	失敗しても自分自身を励ますことができる
	前日につらいことがあっても学校へ来ることができる
	何かに失敗しても次に生かすことができる
	学校のルールに合わせて生活することができる

5. 3 「高校生用学校生活自己効力感尺度」の尺度構成

5. 3. 1 方法

尺度構成のためのデータは，本調査（第6章）のデータの一部を用いた。分析に使用したのは，以下の項目である。

(1) 自己効力感項目群

予備的調査2で作成した項目プールをもとに，50項目から構成される質問紙を作成した。本調査では，それぞれの項目について，「はい」「どちらかといえばはい」「どちらかといえばいいえ」「いいえ」の4件法によって回答を求めた。

(2) 自尊感情

基準関連妥当性を検討するために，Rosenbergの"The Rosenberg Self-Esteem Scale"を高校生用に翻訳したものを使用した（第6章参照）。

下位尺度が関連し合っていることを想定し，主因子法，プロマックス回転による因子分析を行った。天井効果・フロアー効果が認められる項目が見られたが，作成する尺度が適応との関連を想定したものであり，正規分布を示さない項目も除外しないこととした。スクリープロットの傾きから5因子解を想定し，解釈不可能な項目，因子負荷量が.40未満の項目を1項目ずつ取り除いていった。

分析はすべて，統計処理ソフト「SPSS Statistics Version 22」を使用して行った。1ページの質問すべてにわたって同じ数字で回答しているものなど，明らかに規則性がある回答をしたデータは，入力しなかった。記入漏れや誤記による欠損値がみられた回答は，欠損値以外の項目について分析の対象とした（以下の分析も同様）。

5. 3. 2　結果

　因子分析の結果，解釈可能性と説明率などから，最終的に45項目5因子構造を確定した。分析の結果を表5-4に示す。

　第1因子は，"新しい友達を作るのが苦手だ"，"人が大勢いる中ではうまくふるまえない"などの項目を含み，「対人関係に関わる自己効力感」と命名した（14項目）。第2因子は，"将来自分が働いている姿を思い浮かべることができる"，"自分の性格にあった進路をいくつか挙げることができる"などの項目を含み，「社会的役割に関わる自己効力感」と命名した（9項目）。第3因子は，"学校のルールに合わせて生活することができる"，"そうじの時間に自分の役割を果たすことができる"などの項目を含み，「セルフコントロールに関わる自己効力感」と命名した（10項目）。第4因子は，"理科の授業についていくことができる"，"社会の授業についていくことができる"などの項目を含み，「学業に関わる自己効力感」と命名した（6項目）。第5因子は，"進路について先生に相談できる"，"困ったことがあったら先生に相談できる"などの項目を含み，「問題解決に関わる自己効力感」と命名した（6項目）。因子間相関は，$r = .30 \sim .67$ の間にあった。作成した「高校生用学校生活自己効力感尺度」の内的整合性を検討するために，Crongachのα係数を算出した。その結果，各下位尺度の信頼性係数は，$\alpha = .74 \sim .84$ であり，いずれも充分な内的整合性が示された。また，信頼性を検討するために，3年生1クラス（男子13名，女子23名，計36名）を対象として，2週間の間隔をあけて再検査を行った。2回の調査の尺度得点について，Pearsonの相関係数を算出したところ，「対人関係に関わる自己効力感」は$r = .91$，「社会的役割に関わる自己効力感」は$r = .82$，「セルフコントロールに関わる自己効力感」は$r = .82$，「学業に関わる自己効力感」は$r = .83$，「問題解決に関わる自己効力感」は$r = .85$であり，いずれの下位尺度も充分な信頼性が示された。また，心理学を専攻する大学院生4人，大学院研究生1人，学部生1人，および指導教員が各因子を構成する項目の内容を検討し，それぞれの項目が内容的妥当性を持つことを確認した。

表 5-4　「学校生活に関する自己効力感」各項目の人数[**]，平均値，標準偏差およ
び因子負荷量（プロマックス回転後の因子パターン）（$n = 529$[***]）

項目	n	M	SD	因子1	因子2	因子3	因子4	因子5
I　対人関係に関わる自己効力感　($\alpha = .84$)								
36 新しい友達を作るのが苦手だ (*)	588	2.10	.98	-.79	.04	-.07	.10	.11
24 人が大勢いる中ではうまくふるまえない (*)	589	2.54	.99	-.71	-.02	.14	-.05	.10
46 人の会話の輪の中に自分から加わっていくことができる	588	2.72	.93	.70	.04	-.03	-.04	.02
42 友達とうまくやっていくことが苦手だ (*)	586	1.81	.87	-.67	.09	-.11	.00	-.01
44 異性とうまく関わることが苦手だ (*)	588	2.39	1.04	-.62	-.09	.02	.01	.15
08 自分の感情を人に伝えることが苦手だ (*)	589	2.55	.97	-.56	-.12	.17	-.06	.00
16 友人に頼みごとをすることが苦手だ (*)	589	2.10	.91	-.55	.10	-.01	-.02	-.10
45 人の前で自分の意見を発表することができる	589	2.39	.95	.45	.22	-.13	.14	.05
19 休み時間にくつろぐことができない (*)	587	1.60	.85	-.43	.17	-.05	-.08	-.04
50 体育の授業は苦手だ (*)	589	1.85	1.02	-.43	.04	.13	-.05	-.03
28 苦手な人とも話すことができる	588	2.86	1.19	.39	.03	.19	-.01	-.04
20 人からいやなことをされたときにいやだと言うことができる	588	2.89	.96	.38	-.19	-.13	.13	.12
49 自分から人に挨拶することができる	588	3.36	.78	.36	.12	.24	-.14	-.01
47 勉強がわからないときに友人に聞くことができる	588	3.31	.79	.34	-.01	.09	-.10	.27
II　社会的役割に関わる自己効力感　($\alpha = .83$)								
22 将来自分が働いている姿を思い浮かべることができる	587	2.32	1.03	-.07	.74	-.11	.09	.01
18 自分の性格にあった進路をいくつか挙げることができる	586	2.67	.93	.08	.70	-.14	.05	-.02
10 興味のある仕事（または学問）を挙げることができる	589	3.25	.91	-.10	.69	.13	.03	-.16
14 興味のある仕事（または学問）について調べることができる	588	3.12	.89	-.10	.63	.12	-.15	.02
02 自分の5年後を思い描くことができる	585	2.24	.94	-.08	.63	-.04	.07	.01
26 将来の目標のために努力をすることができる	587	3.14	.74	.00	.52	.14	-.02	.12
06 生き方の上で理想とする人を思い浮かべることができる	590	2.75	1.00	.08	.45	-.08	.00	.01
34 進路について誰かの経験を聞き参考にすることができる	588	2.79	.87	-.05	.37	-.07	.01	.29
12 人の役に立つために何かができる	590	2.84	.78	.21	.33	.21	-.09	.04
III　セルフコントロールに関わる自己効力感　($\alpha = .78$)								
39 学校のルールに合わせて生活することができる	589	3.20	.83	-.19	-.13	.64	.10	.02
11 そうじの時間に自分の役割を果たすことができる	589	3.29	.76	-.08	.05	.59	.00	-.06
04 課題や宿題が出ると最初からあきらめてしまう (*)	589	1.85	.85	.04	.06	-.57	-.23	-.03
48 苦手な授業でも何とかがんばろうと努力できる	588	2.88	.85	.02	.02	.55	.02	.13
01 授業のノートを取ることができる	586	3.77	.52	-.17	.06	.52	-.03	.06
07 係や委員などの責任を果たすことができる	589	3.03	.75	.16	.13	.49	.01	-.11
15 遅刻をせずに学校へ来ることができる	587	3.53	.79	-.03	-.05	.49	-.03	.01
21 授業用のプリント類をうまく整理できない (*)	589	2.17	1.05	-.08	-.07	-.44	-.06	.11
40 感情的にならずに人と話すことができる	588	2.89	.86	.24	-.11	.35	.04	-.07
27 前日につらいことがあっても学校へ来ることができる	586	3.40	.71	.16	-.10	.25	.08	.12

表5-4 （つづき）

項目	n	M	SD	因子1	因子2	因子3	因子4	因子5
Ⅳ　学業に関わる自己効力感（α = .74）								
25 理科の授業についていくことができる	590	2.96	.84	.06	.04	.01	.70	- .07
43 社会の授業についていくことができる	588	2.82	.94	- .06	.08	.03	.63	.06
09 数学の授業についていくことができる	589	2.64	.96	.05	- .13	.04	.52	.04
17 国語の授業についていくことができる	589	3.20	.78	.03	.11	.12	.49	- .07
33 英語の授業についていくことができる	589	2.55	.94	.04	.03	.13	.44	.01
38 試験勉強をやってもどうせできないと思う（*）	588	2.16	.95	- .03	- .01	- .20	- .27	- .14
Ⅴ　問題解決に関わる自己効力感（α = .74）								
37 進路について先生に相談できる	588	2.62	.96	- .07	.15	- .14	.07	.71
32 困ったことがあったら先生に相談できる	588	2.21	.98	- .02	- .12	- .01	.09	.64
30 進路について親と話し合いをすることができる	589	2.94	.98	- .05	.11	.17	- .15	.52
05 困ったときには友人に相談することができる	587	3.12	.92	.25	.01	.05	- .20	.40
41 勉強がわからないときに先生に質問することができる	588	2.74	.96	.25	.00	- .03	.06	.36
31 何かに失敗しても次に生かすことができる	587	2.73	.81	.17	.18	.06	.10	.30

因子間相関	Ⅰ	Ⅱ	Ⅲ	Ⅳ	Ⅴ
Ⅰ		.50	.30	.25	.55
Ⅱ			.51	.44	.67
Ⅲ				.54	.59
Ⅳ					.52

注）1　*は，逆転項目を示す。
　　2　**は，項目の平均・標準偏差を算出する際の人数を示す。
　　3　***は，因子分析に使用した人数を示す。

　基準関連妥当性については，自尊感情の尺度得点との相関係数を算出した。分析の結果を，表5-5に示す。いずれの下位尺度においても，.36以上の正の相関が認められた。

表5-5　自己効力感下位尺度と自尊感情との相関（学校・学年・性の影響をコントロールした偏相関値）（n = 532）

	対人関係に関わる自己効力感	社会的役割に関わる自己効力感	セルフコントロールに関わる自己効力感	学業に関わる自己効力感	問題解決に関わる自己効力感
自尊感情	.57*	.45*	.36*	.43*	.42*

注）*は，p <.01の場合。

5. 3. 3 考察

　予備的研究 2 では，高校生の学校生活の具体的な場面に関する自己効力感を測定する尺度を作成した。

　作成された尺度（「高校生用学校生活自己効力感尺度」）は 50 項目で，5 下位尺度（「対人関係に関わる自己効力感」「社会的役割に関わる自己効力感」「セルフコントロールに関わる自己効力感」「学業に関わる自己効力感」「問題解決に関わる自己効力感」）によって構成されている。内的整合性および再検査法による信頼性が示された。それぞれの項目の内容的妥当性も確認された。基準関連妥当性を確認するために自尊感情との相関を検討した結果，すべての下位尺度において .36 以上の正の相関が認められた。

第6章

「ドロップアウトに関連する要因に関する調査」の方法

要旨

　本書の研究の特徴は，3年間にわたる継時的調査を実施し，ドロップアウトに関連する要因等を検討することである。本章では，2つの予備的研究（第4章・第5章）を経て実施された，本研究の中心をなす「ドロップアウトに関連する要因に関する調査」の方法と分析内容を示した。

6. 1　調査対象

　調査は，地方の公立高等学校4校の生徒611人（男子301人，女子310人）を対象として行った。この4校は1つの市と，それに隣接する町村にまたがる地域に位置しており，対象地域は都市部から離れた田園地帯である。地域外の市町村からの流入や，周辺地域の高等学校への流出もあるが，この地域の中学生の大多数が，この4校のいずれかに進学していた。

　4校のうち，3校が全日制普通科，1校が全日制職業科の学校である。文部科学省の「児童生徒の問題行動・不登校等生徒指導上の諸問題に関する調査」（2015年度以前は「児童生徒の問題行動等生徒指導上の諸問題に関する調査」）では，1年生の中途退学者が全学年の半数以上で推移していることから，すべての学校において1年生を対象に調査を行った。また，1校においては，3年生までの状況を把握するために全学年について調査を行った。なお，学校によっては1学年の中で1クラスのみ，限られた項目のみ調査の実施が可能であった。

　調査対象者の人数を表6-1に示す。学校の特定を避けるため，学校別のクラス数及び人数は記載しない。

表6-1　調査対象

	1年生（9クラス）			2年生（3クラス）			3年生（4クラス）			合計（16クラス）		
	男子	女子	計	男子	女子	計	男子	女子	計	男子	女子	計
計	218	135	353	34	81	115	49	94	143	301	310	611

注）1　クラス数は，学校の特定を避けるため，4校の合計で記載した。
　　2　1年生1クラスは学校の事情により，高校生記入調査のみ実施。

6. 2　調査時期

　調査は，X年度4月時点の在籍学年が1年生，2年生，3年生である生徒が順次卒業するまで，3年間にわたって6回実施した。調査の流れを図6-1に示す。

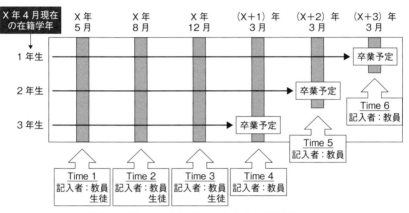

図 6-1　Time 1 から Time 6 までの調査の流れ

　対象生徒が入学・進級後間もないX年5月にTime 1を，夏休み明けの8月末にTime 2を，2学期末の12月にTime 3を実施した。また，調査1年目の年度末である（X + 1）年3月にTime 4を，2年目の年度末である（X + 2）年3月にTime 5を，3年目の年度末である（X + 3）年3月にTime 6を実施した。

6. 3　手続き

　学校長に許可を得，さらに職員会で了承を得た上で，学年主任に，あらかじめ学年としての取り組みを依頼した。担任記入調査は，学年主任を通じて，またはホームルーム担任に直接，調査対象生徒の出席番号と，調査項目を記載したチェックリストを渡し，データの記入を依頼した。高校生を対象とした調査は，学年主任を通じて，またはホームルーム担任に直接，配布・回収を依頼した。倫理的配慮については，第3章に記したとおりである。

6. 4　調査内容

6. 4. 1　担任記入調査

　先行研究をもとに(1)～(10)の10項目を選定し，ホームルーム担任にチェックリストへの記入を依頼した。

(1) 中学校・高等学校の学業成績

　高等学校が把握している中学3年の評定（絶対評価の5段階評定）と，高等学校入学後の成績について調査を行った。調査開始年度（X年度）の1学期末（Time 2），2学期末（Time 3）の評定（絶対評価の10段階評定）の記入を依頼した。年度末は年間の評定が算出されるため，3学期評定は得られなかった。また，2・3年生については，遡って高等学校入学後，現在の学年に進級するまでの各学年の年度末の評定について，記入を依頼した。

(2) 中学校・高等学校の出席状況

　先行研究の多くが，学校への出席状況の悪さが，ドロップアウトのリスクを高めることを指摘している（Alexander et al., 2001; Archambault et al., 2009; Finn, 1989; Janosz et al., 2009; Lever et al., 2004; Malloy, 1997; 片山, 2008）。高等学校が把握している調査対象者の中学1〜3年の欠席日数と，高等学校における調査開始年度（X年度）の欠席・遅刻・早退の日数について調査を行った。調査対象校はいずれも3学期制であったため，1学期末（Time 2），2学期末（Time 3），年度末（Time 4）に，データの記入を依頼した。年度末のデータは，1年間の合計である。

(3) 高等学校への入学形態（Time 1）

　Horowiz (1992)は「目的意識のなさ」がドロップアウトに関連していることを示している。また，Knesting & Waldron (2006)は「目標の方向づけ」を，学校を継続する上で重要な要因であるとしている。

　調査を実施した県の公立高等学校には，3種類の形態で入学してきた生徒が在籍する。入学の目的等の確認を含む面接や学校独自の小論文試験等を実施する自己推薦型の入学試験（前期選抜），学力検査を実施する試験（後期選抜），後期選抜で志望校に合格できなかった生徒が受験する場合が多い二次募集による入学である。本研究では，これらに該当するものを1，該当しないものを0とするダミー変数を作成した。

(4) 原級留置の経験の有無（Time 1）

　予備的調査1と同様に，Edmondson & White (1998)，Brooks-Gunn et al. (1993)，Croninger & Lee (2001)，Lever et al. (2004)を踏まえ，調査以前の高等学校における原級留置の経験の有無について調査を行った。「あり」を1，「なし」を0とするダミー変数を作成した。

(5) 破壊的な行動の有無（Time 4）

　予備的調査 1 と同様に，Finn (1989)，Battin-Pearsonn et al. (2000)，Janosz et al. (2009)を踏まえ，学校において把握される事柄として「破壊的な行動」について，調査を行った。「あり」を 1，「なし」を 0 とするダミー変数を作成した。

(6) 教師との対立の有無（Time 4）

　予備的調査 1 と同様に，Croninger & Lee (2001)，Lever et al. (2004)を踏まえ，教師との対立が見られたか否かについて，調査を行った。「あり」を 1，「なし」を 0 とするダミー変数を作成した。

(7) 生徒との対立の有無（Time 4）

　予備的調査 1 と同様に，Janosz et al. (2000)，Lever et al. (2004)を踏まえ，生徒との対立が見られたか否かについて，調査を行った。「あり」を 1，「なし」を 0 とするダミー変数を作成した。

(8) 授業中の行動の問題（Time 4）

　予備的調査 1 と同様に，Edmondson & White (1998)を踏まえ，授業中の行動の問題が見られたか否かについて，調査を行った。「あり」を 1，「なし」を 0 とするダミー変数を作成した。

(9) クラブ活動への加入状況（Time 4）

　榊原 (1991) は，高校生活に関する意識調査において，「放課後のクラブ活動を，熱心にやりたい」という項目において，中退群は非中退群よりも，否定的な回答が有意に高かったことを報告している。また，Malloy (1997)は，早期に学校を去る可能性を示す徴候のひとつとして，課外活動への参加率の低さを挙げている。そこで，本研究においては，クラブ活動への加入状況について調査を行った。「あり」を 1，「なし」を 0 とするダミー変数を作成した。

(10) 年度末の動向（Time 4・Time 5・Time 6）

各学年の卒業予定年度まで，追跡調査を行い，年度末の動向（卒業・退学・転学・休学の別）について調査を行った。転学は，本研究におけるドロップアウトの定義により，転居等の理由によるものを除いた。それぞれの項目について「あり」を 1，「なし」を 0 とするダミー変数を作成した。

6. 4. 2　高校生記入調査

(1) 学年・組・番号・性別（Time 1 〜 Time 3）

担任記入調査，および継時的に実施する他の調査との関連を検討するため，学年・組・番号の記載を依頼した。また，性差の検討を行うために，性別を記載する欄を設けた。

(2) 家族構成（Time 1）

家庭の状況とドロップアウトとの関連については，多くの先行研究で扱われている。しかし，学校が把握できる事柄には限界がある。そのため，本人が記入する形で家族構成を問うこととした。フェイスシートに，「現在一緒に住んでいる人」として，父親，母親，祖父，祖母，兄・姉・弟・妹，その他から，あてはまる項目を○で囲むよう，依頼した。それぞれの項目について，「あり」を 1，「なし」を 0 とするダミー変数を作成した。

(3) 精神的健康（Time 1・Time 2・Time 3）

自己評定による適応状況を把握するため，「学校生活サポートテスト」（杉原他，2002）を使用した。これは，精神的健康について測定し，子どもの不適応状態を早期に発見するためのスクリーニング用テストとして標準化されている。8 つの下位尺度にわたる 68 項目，被験者に配慮した付加項目や信頼性尺度項目等の 17 項目，「相談ニーズ項目」2 項目の計 87 項目により構成されている。本研究では，「相談ニーズ項目」の 2 項目を除いた 85 項目を使用した。

8 つの下位尺度は，「不登校・学校嫌い傾向」「引きこもり・非社交性傾向」「いじめの問題傾向」「体調不良」「思いつめ傾向」「注意の問題・衝動性傾向」

「反社会傾向」「家族関係の悩み」である。「はい」「どちらかといえばはい」「どちらかといえばいいえ」「いいえ」の4件法によって回答を求めた。得点が高いほど，精神的健康の状態が良好でない。各下位尺度の内容については，第6章で述べる。

(4) 自尊感情（Time 1・Time 2・Time 3）

Edmondson & White (1998)は，「健康的な自尊感情」は，学校にとどまるための重大な要因であるとしている。本研究では，Rosenberg (1965)の自尊感情尺度（"The Rosenberg Self-Esteem Scale"）を，高校生が理解できる内容を想定して本研究用に訳し，用いることとした。Rosenberg (1965)の自尊感情尺度を使用した理由は，その結果が安定しており（Baumeister, Campbell, Krueger, & Vohs, 2003），上記の研究も含めて国内外で広く用いられていること，また，10項目という項目数が高校生の負担になりにくいと考えたからである。その際，田中 (1999)，田中・上地・市村 (2003) の作成した日本語訳調査項目を参考にした。「はい」「どちらかといえばはい」「どちらかといえばいいえ」「いいえ」の4件法によって回答を求めた。得点が高いほど，自尊感情が高い。因子分析の結果は，第6章で述べる。

(5) 自己効力感（Time 1・Time 2・Time 3）

予備的調査2（第5章）で作成した「高校生用学校生活自己効力感尺度」を使用した。50項目の尺度で，5つの下位尺度（「対人関係に関わる自己効力感」「社会的役割に関わる自己効力感」「セルフコントロールに関わる自己効力感」「学業に関わる自己効力感」「問題解決に関わる自己効力感」）によって構成されている。「はい」「どちらかといえばはい」「どちらかといえばいいえ」「いいえ」の4件法によって回答を求めた。得点が高いほど，自己効力感が高い。

第 7 章

卒業に至らなかった生徒の率，扱われた変数の学年差・性差，変数間の関連の検討

要旨

　本章でははじめに，調査対象者の卒業予定年度末の動向を検討し，卒業に至らなかった生徒の率を算出した。その結果，本研究における中途退学者の率は6.2％で，文部科学省の算出方法による「中途退学率」と大きな開きがあった。また，転学者，休学者を加えると，10.0％の生徒が入学した学校に通学しなくなっていた。学校を離脱する生徒は，1学年，2学年，3学年の順に多かった。続いて，予防や介入にあたって必要な知見を得るために，扱われた変数の学年差・性差と，変数間の関連について検討を行った。分析の結果，上級生になるほど精神的健康の面で困難を抱えやすくなる傾向が認められた。また，変数間で多くの相関が認められ，高校生が抱える困難は複合的であることが示唆された。

7. 1　目的

　本章でははじめに，調査対象者の卒業予定年度末の動向を検討し，卒業に至らなかった生徒の率を算出する。次に，予防や介入にあたって必要な知見を得るために，扱った変数の学年差・性差と，変数間の関連について検討を行う。

7. 2　方法

　分析内容は以下のとおりである。

　学年差・性差の分析対象は，全学年で調査を実施した1校の高校生のみとする。「学校生活サポートテスト」，「Rosenbergの自尊感情尺度」，「高校生用学校生活自己効力感尺度」はいずれもTime1のデータを使用し，学業成績・出席状況はTime1の調査時期を含む1学期の期末（Time2）のデータを使用する。（以後の分析も，特に記載がない場合は同様とする。）なお，「高校生用学校生活自己効力感尺度」と「Rosenbergの自尊感情尺度」の相関については，第5章に記載済みである。

分析7-1　　調査対象者の卒業予定年度末の動向
分析7-2　　「学校生活サポートテスト」下位尺度のα係数
分析7-3　　「学校生活サポートテスト」尺度得点の学年差・性差（分散分析）
分析7-4　　「Rosenbergの自尊感情尺度」の因子分析
分析7-5　　「Rosenbergの自尊感情尺度」尺度得点の学年差・性差（分散分析）
分析7-6　　「高校生用学校生活自己効力感尺度」尺度得点の学年差・性差（分散分析）

7. 3　結果

7. 3. 1　調査対象者の卒業予定年度末の動向（**分析 7-1**）

　調査対象者の卒業予定年度末の動向を，表 7-1 に示す。対象者 611 人のうち，Time 4 〜 6 の間に卒業した生徒は，548 人（89.7％）で，2 人（0.3％）が次の学年で学業を継続していた。退学者は 38 人（6.2％），転学者は 20 人（3.3％），休学者は 3 人（0.5％）で，合わせて 61 人（10.0％）の生徒が離脱していた。

　学年ごとに見ると，調査開始時に 1 年生であった生徒 353 人のうち，卒業した生徒は 305 人（86.7％），原級留置は 2 人（0.6％），退学者は 31 人（8.8％），転学者は 13 人（3.7％），休学者は 2 人（0.6％）であった。調査開始時に 2 年生であった生徒 115 人のうち，卒業した生徒は 105 人（91.3％），

表 7-1　調査対象者の卒業予定年度末の動向

	1 年生 (2006 年度 5 月時点)				2 年生 (2006 年度 5 月時点)				3 年生 (2006 年度 5 月時点)				合計			
	男子	女子	計		男子	女子	計		男子	女子	計		男子	女子	計	
卒業	183	122	305	86.7%	28	77	105	91.3%	49	89	138	96.5%	260	288	548	89.7%
原級留置	2	0	2	0.6%	0	0	0	0.0%	0	0	0	0.0%	2	0	2	0.3%
退学	26	5	31	8.8%	3	3	6	5.2%	0	1	1	0.7%	29	9	38	6.2%
転学	7	6	13	3.7%	3	1	4	3.5%	0	3	3	2.1%	10	10	20	3.3%
休学	0	2	2	0.6%	0	0	0	0.0%	0	1	1	0.7%	0	3	3	0.5%
計	218	135	353	100%	34	81	115	100%	49	94	143	100%	301	310	611	100%

退学者は6人（5.2%），転学者は4人（3.5%）であった。調査対象時に3年生であった生徒143人のうち，卒業した生徒は138人（96.5%），退学者は1人（0.7%），転学者は3人（2.1%），休学者は1人（0.7%）であった。

7. 3. 2　各尺度の基礎統計量等と尺度得点の学年差・性差

(1)「学校生活サポートテスト」下位尺度の α 係数，尺度得点の学年差・性差
　（**分析 7-2, 7-3**）

　「学校生活サポートテスト」については，M-pulsを使用して確認的因子分析を行った。著作権保護のため，分析結果の記載を一部にとどめる。「学校生活サポートテスト」の α 係数を表7-2に示す。また，回答者数 (n)，平均値 (M)，標準偏差 (SD) および2要因分散分析結果を表7-3に示す。

　分析の結果，α 係数は .69 ～ .85であり，いずれも内的整合性が示された。また，学年の主効果が有意であったのは，「不登校・学校嫌い傾向」（ $F(2,340)$ = 6.73, $p <.01$, η^2 = .035），「引きこもり，非社交性傾向」（ $F(2,333)$ = 9.84, $p <.01$, η^2 = .059），「いじめの問題傾向」（ $F(2,336)$ = 8.66, $p <.01$, η^2 = .049），「体調不良」（ $F(2,341)$ = 4.24, $p <.05$, η^2 = .025），「思いつめ傾向」（ $F(2,338)$ = 7.96, $p <.01$, η^2 = .046），「注意の問題・衝動性傾向」（ $F(2,338)$ = 3.49, $p <.05$, η^2 = .021）であった。

　「不登校・学校嫌い傾向」は，2年（M = 2.26）と3年（M = 2.29）が1年

表7-2　「学校生活サポートテスト」下位尺度の α 係数

下位尺度	α 係数
不登校・学校嫌い傾向	.85
引きこもり・非社交性傾向	.81
いじめの問題傾向	.80
体調不良	.80
思いつめ傾向	.81
注意の問題・衝動性傾向	.80
反社会傾向	.70
家族関係の悩み	.69

表7-3　「学校生活サポートテスト」尺度得点の学年差・性差（分散分析結果）

		男子			女子			計			F値（自由度）η^2 主効果		交互作用
		n	M	SD	n	M	SD	n	M	SD	学年	性	
不登校・学校嫌い傾向	1年	47	1.93	0.66	67	2.03	0.63	114	1.99	0.64	6.73**	0.02	0.70
	2年	28	2.22	0.66	71	2.27	0.60	99	2.26	0.61	(2,340)	(1,340)	(2,340)
	3年	42	2.37	0.80	91	2.25	0.82	133	2.29	0.81	.035	.000	.003
	計	117	2.16	0.73	229	2.19	0.71	346	2.18	0.72	1<2,3		
引きこもり・非社交性傾向	1年	43	1.60	0.50	67	1.51	0.45	110	1.55	0.47	9.84**	4.09*	0.50
	2年	26	1.80	0.59	70	1.72	0.49	96	1.74	0.52	(2,333)	(1,333)	(2,333)
	3年	42	1.98	0.55	91	1.77	0.60	133	1.83	0.59	.056	.012	.003
	計	111	1.79	0.56	228	1.68	0.53	339	1.71	0.55	1<2,3	m>f	
いじめの問題傾向	1年	46	1.56	0.43	65	1.61	0.49	111	1.59	0.46	8.66**	0.23	0.02
	2年	28	1.88	0.63	70	1.89	0.58	98	1.89	0.59	(2,336)	(1,336)	(2,336)
	3年	43	1.84	0.67	90	1.87	0.59	133	1.86	0.61	.049	.001	.000
	計	117	1.74	0.59	225	1.80	0.57	342	1.78	0.58	1<2,3		
体調不良	1年	47	1.83	0.48	67	1.92	0.59	114	1.89	0.54	4.24*	0.27	0.96
	2年	28	1.96	0.51	71	2.07	0.64	99	2.04	0.60	(2,341)	(1,341)	(2,341)
	3年	43	2.15	0.65	91	2.06	0.63	134	2.09	0.63	.025	.001	.006
	計	118	1.98	0.57	229	2.02	0.62	347	2.01	0.60	1<3		
思いつめ傾向	1年	45	1.95	0.51	68	2.08	0.68	113	2.03	0.62	7.96**	4.27*	0.14
	2年	27	2.27	0.75	70	2.41	0.74	97	2.37	0.74	(2,338)	(1,338)	(2,338)
	3年	43	2.22	0.67	91	2.44	0.68	134	2.37	0.68	.046	.013	.001
	計	115	2.13	0.64	229	2.32	0.71	344	2.26	0.70	1<2,3	m<f	
注意の問題・衝動性傾向	1年	46	2.07	0.42	67	2.13	0.48	113	2.11	0.46	3.49*	0.29	0.52
	2年	28	2.15	0.66	69	2.25	0.60	97	2.22	0.61	(2,338)	(1,338)	(2,338)
	3年	43	2.32	0.49	91	2.27	0.57	134	2.28	0.54	.021	.001	.003
	計	117	2.18	0.52	227	2.22	0.55	344	2.21	0.54	1<3		
反社会傾向	1年	46	1.85	0.59	68	1.61	0.37	114	1.71	0.48	1.12	6.31*	0.62
	2年	28	1.88	0.53	71	1.81	0.59	99	1.83	0.57	(2,338)	(1,338)	(2,338)
	3年	42	1.87	0.58	89	1.72	0.51	131	1.77	0.53	.007	.017	.003
	計	116	1.86	0.57	228	1.71	0.50	344	1.76	0.53		m>f	

表 7-3（つづき）

| | | 男子 | | | 女子 | | | 計 | | | F値（自由度）η^2 主効果 | | 交互作用 |
		n	M	SD	n	M	SD	n	M	SD	学年	性	
家族関係の悩み	1年	47	2.08	0.63	68	1.99	0.64	115	2.03	0.63	0.01	1.75	1.96
	2年	28	1.96	0.53	70	2.10	0.67	98	2.06	0.63	(2,340)	(1,340)	(2,340)
	3年	42	1.92	0.66	91	2.18	0.74	133	2.09	0.72	.000	.006	.011
	計	117	1.99	0.62	229	2.10	0.69	346	2.06	0.67			

注）1 有意であった主効果・交互作用の下には，多重比較の結果を符号化して示す。たとえば，1<2,3 は 1 年生の得点が 2・3 年生の得点より有意に低いことを示し，m>f は男子の得点が女子の得点より有意に高いことを示す。

　　2 *は，$p < .05$ を示す。

　　3 **は，$p < .01$ を示す。

（$M = 1.99$）より高かった。

「引きこもり，非社交性傾向」は，2 年（$M = 1.74$），3 年（$M = 1.83$），が 1 年（$M = 1.55$）より高かった。

「いじめの問題傾向」は，2 年（$M = 1.89$），3 年（$M = 1.86$），が 1 年（$M = 1.59$）より高かった。

「体調不良」は，2 年（$M = 2.04$），3 年（$M = 2.09$）が 1 年（$M = 1.89$）より高かった。

「思いつめ傾向」は，2 年（$M = 2.37$），3 年（$M = 2.37$），が 1 年（$M = 2.03$）より高かった。

「注意の問題・衝動性傾向」は，2 年（$M = 2.22$），3 年（$M = 2.28$）が 1 年（$M = 2.11$）より高かった。

また，性の主効果が有意であったのは，「引きこもり，非社交性傾向」（$F(1,333) = 4.09$, $p < .05$, $\eta^2 = .012$），「思いつめ傾向」（$F(1,338) = 4.27$, $p < .05$, $\eta^2 = .013$），「反社会傾向」$F(1,338) = 6.31$, $p < .05$, $\eta^2 = .017$）であった。

「引きこもり，非社交性傾向」は男子（$M = 1.79$）が女子（$M = 1.68$）より高かった。

「思いつめ傾向」は，女子（*M* = 2.32）が男子（*M* = 2.13）より高かった。
「反社会傾向」は，男子（*M* = 1.86）が女子（*M* = 1.71）より高かった。
いずれも有意な交互作用は見られなかった。

(2)「Rosenbergの自尊感情尺度」の因子分析結果および尺度得点の学年差・
　　性差（**分析7-4, 7-5**）
　各項目の*n*, *M*, *SD*および主因子法による因子分析の結果を表7-4に示す。
因子分析の結果，10項目で1因子と判断された（説明率40.88％）。信頼性係
数は，*α* = .83 であった。

表7-4　「Rosenberg の自尊感情尺度」の因子分析結果

項目	*n*	*M*	*SD*	因子負荷量	共通性	*α*係数
5　自分には誇れるものがあまりない*	588	2.62	0.97	− 0.70	0.49	
6　自分は役に立たない人間だと感じることがある*	587	2.62	0.96	− 0.69	0.47	
7　自分は人並みに価値のある人間だと思う	584	2.51	0.85	0.66	0.44	
10　自分自身に関して前向きな考え方ができる	588	2.72	0.92	0.61	0.38	
4　自分は物事を人並みにうまくやることができる	587	2.54	0.82	0.61	0.37	
3　自分にはいくつかの長所があると思う	587	2.79	0.88	0.60	0.36	.83
1　全体として自分に満足している	588	2.08	0.89	0.60	0.36	
2　自分はまったくだめな人間だと思うことがある*	587	2.81	0.95	− 0.57	0.33	
9　自分はしくじったのではないかと思うことがよくある*	588	3.12	0.85	− 0.47	0.22	
8　もう少し自分を大事に思えたらいいのにと思う*	588	2.65	0.99	− 0.24	0.06	
			固有値	4.09		
			寄与率（％）	40.88		
			累積寄与率（％）	40.88		

注）*は，逆転項目を示す。

表7-5 「Rosenberg の自尊感情尺度」尺度得点の学年差・性差（分散分析結果）

		男子			女子			計			F値 （自由度） η^2		
											主効果		交互
		n	M	SD	n	M	SD	n	M	SD	学年	性	作用
自尊感情	1年	48	2.52	0.60	69	2.37	0.54	117	2.43	0.57	1.25	6.19*	0.22
	2年	28	2.45	0.62	74	2.23	0.50	102	2.29	0.54	(2,352)	(1,352)	(2,352)
	3年	48	2.39	0.57	91	2.28	0.63	139	2.32	0.61	.01	.02	.00
	計	124	2.45	0.59	234	2.29	0.57	358	2.35	0.58		m>f	

注）1 有意であった主効果・交互作用の下には，多重比較の結果を符号化して示す。た
　　　とえば，m＜fは男子の得点が女子の得点より有意傾向で低いことを示す。
　　2 *は，$p<.05$ を示す。

　各項目のn，M，SDおよび2要因分散分析，及び多重比較の結果を表7-5
に示す。自尊感情の得点について，性の主効果が有意で（$F(1,352)=6.19$，
$p<.05$，$\eta^2=.02$），男子（$M=2.45$）が女子（$M=2.29$）より高かった。

(3)「高校生用学校生活自己効力感尺度」尺度得点の学年差・性差（**分析7-6**）

　各項目のN，M，SDおよび2要因分散分析の結果を表7-6に示す。性の主
効果のみが有意または有意傾向であり，学年の主効果，交互作用は有意でな
かった。性の主効果が有意傾向であったのは，「社会的役割に関わる自己効力
感」（$F(1,348)=3.16$，$p<.10$，$\eta^2=.01$），「セルフコントロールに関わる自
己効力感」（$F(1,350)=3.06$，$p<.10$，$\eta^2=.01$），「学業に関わる自己効力感」
（$F(1,356)=3.19$，$p<.10$，$\eta^2=.01$）であった。

　「社会的役割に関わる自己効力感」では，女子（$M=2.87$）が男子（$M=2.76$）
より高かった。

　「セルフコントロールに関わる自己効力感」は，女子（$M=3.23$）が男子（$M=3.13$）より高かった。

　「学業に関わる自己効力感」は，男子（$M=2.86$）が女子（$M=2.74$）より
高かった。

表7-6　「高校生用学校生活自己効力感尺度」尺度得点の学年差・性差（分散分析結果）

| | | 男子 | | | 女子 | | | 計 | | | F値（自由度）η^2 主効果 | | F値（自由度）η^2 交互作用 |
		n	M	SD	n	M	SD	n	M	SD	学年	性	交互作用
対人関係に関わる自己効力感	1年	46	2.95	0.52	70	2.87	0.56	116	2.90	0.54	1.08	0.05	1.07
	2年	27	2.91	0.63	74	2.84	0.51	101	2.86	0.54	(2,349)	(1,349)	(2,349)
	3年	48	2.75	0.51	90	2.86	0.54	138	2.82	0.53			
	計	121	2.86	0.55	234	2.85	0.53	355	2.86	0.54			
社会的役割に関わる自己効力感	1年	47	2.86	0.63	71	2.85	0.56	118	2.85	0.59	0.54	3.16 *	1.07
	2年	28	2.71	0.54	73	2.86	0.51	101	2.82	0.52	(2,348)	(1,348)	(2,348)
	3年	45	2.68	0.64	90	2.89	0.54	135	2.82	0.58		m<f	
	計	120	2.76	0.62	234	2.87	0.53	354	2.83	0.57			
セルフコントロールに関わる自己効力感	1年	46	3.16	0.42	70	3.30	0.44	116	3.25	0.43	0.97	3.06 *	1.06
	2年	29	3.17	0.41	73	3.14	0.49	102	3.15	0.47	(2,350)	(1,350)	(2,350)
	3年	47	3.08	0.43	91	3.23	0.49	138	3.18	0.47		m<f	
	計	122	3.13	0.42	234	3.23	0.48	356	3.19	0.46			
学業に関わる自己効力感	1年	48	2.92	0.51	69	2.71	0.63	117	2.79	0.59	0.41	3.19 *	0.81
	2年	30	2.82	0.53	75	2.68	0.59	105	2.72	0.58	(2,356)	(1,356)	(2,356)
	3年	48	2.83	0.61	92	2.82	0.64	140	2.82	0.63		m>f	
	計	126	2.86	0.55	236	2.74	0.62	362	2.78	0.60			
問題解決に関わる自己効力感	1年	48	2.75	0.61	70	2.63	0.58	118	2.68	0.59	0.75	0.49	1.52
	2年	29	2.63	0.52	75	2.74	0.54	104	2.71	0.54	(2,353)	(1,353)	(2,353)
	3年	48	2.70	0.66	89	2.85	0.67	137	2.80	0.67			
	計	125	2.70	0.61	234	2.75	0.61	359	2.73	0.61			

注) 1　有意であった主効果・交互作用の下には，多重比較の結果を符号化して示す。たとえば，m < fは男子の得点が女子の得点より有意傾向で低いことを示す。
　　2　*は，$p < .10$ を示す。

7.3.3　変数間の相関

(1)「学校生活サポートテスト」の下位尺度間の相関（**分析7-7**）

　「学校生活サポートテスト」の得点に学年・性の主効果が認められたことから，学校・学年・性の影響をコントロールした下位尺度間の偏相関値を算出した。分析の結果を，表7-7に示す。1組の組み合わせを除く下位尺度間で，.20

表7-7 「学校生活サポートテスト」下位尺度間の相関（学校・学年・性の影響を
コントロールした偏相関値）（*n* = 544 ～ 565）

	引きこもり・非社交性傾向	いじめの問題傾向	体調不良	思いつめ傾向	注意の問題・衝動性傾向	反社会傾向	家族関係の悩み
不登校・学校嫌い傾向	.61**	.46**	.52**	.51**	.35**	.25**	.29**
引きこもり・非社交性傾向		.54**	.51**	.54**	.36**	.11*	.31**
いじめの問題傾向			.53**	.61**	.56**	.31**	.35**
体調不良				.65**	.48**	.29**	.39**
思いつめ傾向					.51**	.34**	.35**
注意の問題・衝動性傾向						.35**	.39**
反社会傾向							.39**

注) 1 *は，*p* <.05 を示す。
　　2 **は，*p* <.01 を示す。

以上の正の相関が認められた。他の下位尺度のすべてとの間で相関が認められたのは，「不登校・学校嫌い傾向」（*r* = .25 ～ .61，いずれも *p* <.01），「いじめの問題傾向」（*r* = .31 ～ .61，いずれも *p* <.01），「体調不良」（*r* = .29 ～ .65，いずれも *p* <.01），「思いつめ傾向」（*r* = .34 ～ .65，いずれも *p* <.01），「注意の問題・衝動性傾向」（*r* = .35 ～ .56，いずれも *p* <.01），「反社会傾向」（*r* = .25 ～ .39，いずれも *p* <.01），「家族関係の悩み」（*r* = .29 ～ 39，いずれも *p* <.01）であった。また，「引きこもり・非社交的傾向」は，「反社会傾向」を除く6下位尺度との間に正の相関が認められた（*r* = .31 ～ .61，いずれも *p* <.01）

(2) 「学校生活サポートテスト」と「Rosenbergの自尊感情尺度」・「高校生用学校生活自己効力感尺度」との相関（**分析 7-8**）

　先の分析と同様に，学校・学年・性の影響をコントロールした偏相関値を算出した。分析の結果を，表 7-8 に示す。.20 以上の相関が認められた項目は，以下のとおりである。

　「不登校・学校嫌い傾向」「体調不良」「注意の問題・衝動性傾向」は，「自尊感情」「対人関係に関わる自己効力感」「社会的役割に関わる自己効力感」「セ

表 7-8　精神的健康と自尊感情・自己効力感との相関（学校・学年・性の影響を
　　　　コントロールした偏相関値）（$n = 539 \sim 560$）

	自尊感情	対人関係に関わる自己効力感	社会的役割に関わる自己効力感	セルフコントロールに関わる自己効力感	学業に関わる自己効力感	問題解決に関わる自己効力感
不登校・学校嫌い傾向	− .36 **	− .41 **	− .23 **	− .39 **	− .28 **	− .34 **
引きこもり・非社交性傾向	− .39 **	− .59 **	− .29 **	− .31 **	− .17 **	− .42 **
いじめの問題傾向	− .43 **	− .42 **	− .17 **	− .37 **	− .22 **	− .23 **
体調不良	− .40 **	− .37 **	− .21 **	− .38 **	− .25 **	− .27 **
思いつめ傾向	− .45 **	− .37 **	− .08	− .36 **	− .16 **	− .24 **
注意の問題・衝動性傾向	− .48 **	− .36 **	− .28 **	− .56 **	− .36 **	− .30 **
反社会傾向	− .08 *	.07	− .03	− .50 **	− .22 **	− .09 *
家族関係の悩み	− .33 **	− .15 **	− .18 **	− .40 **	− .29 **	− .30 **

注）1　*は，$p < .05$ を示す。
　　2　**は，$p < .01$ を示す。

ルフコントロールに関わる自己効力感」「学業に関わる自己効力感」「問題解決に関わる自己効力感」と負の相関が認められた（$r = .21 \sim .59$，いずれも $p < .01$）。「引きこもり・非社交性傾向」は，「自尊感情」，「対人関係に関わる自己効力感」，「社会的役割に関わる自己効力感」，「セルフコントロールに関わる自己効力感」，「問題解決に関わる自己効力感」との間に負の相関が認められた（$r = .29 \sim .59$，いずれも $p < .01$）。「いじめの問題傾向」は，「自尊感情」，「対人関係に関わる自己効力感」，「セルフコントロールに関わる自己効力感」，「学業に関わる自己効力感」，「問題解決に関わる自己効力感」との間に負の相関が認められた（$r = .22 \sim .43$，いずれも $p < .01$）。「思いつめ傾向」は，「自尊感情」，「対人関係に関わる自己効力感」，「セルフコントロールに関わる自己効力感」，「問題解決に関わる自己効力感」との間に負の相関が認められた（$r = .24 \sim .45$，いずれも $p < .01$）。「反社会傾向」は，「セルフコントロールに関わる自己効力感」，「学業に関わる自己効力感」との間に負の相関が認められた（$r = .22 \sim .50$，いずれも $p < .01$）。「家族関係の悩み」は，「自尊感情」，「セルフコントロールに関わる自己効力感」，「学業に関わる自己効力感」，「問題解決に関わる自己効力感」との間に負の相関が認められた（$r = .29 \sim .40$，い

ずれも *p* <.01）。

(3)「学校生活サポートテスト」・「Rosenbergの自尊感情尺度」・「高校生用学校生活自己効力感尺度」と学業成績・出席状況との相関（**分析 7-9**）

　先の分析と同様に，学校・学年・性の影響をコントロールした偏相関値を算出した。分析の結果を，表 7-9 に示す。.20 以上の相関が認められたのは，以下の項目であった。

　「体調不良」と「中学 3 年欠席日数」との間に正の相関が認められた（*r* = .21，*p* <.01）。「反社会傾向」と「高校 1 学期成績」（*r* = -.38，*p* <.01）との間に負の相関が，「高校 1 学期遅刻日数」（*r* = .42，*p* <.01），「高校 1 学期早退日数」（*r* = .26，*p* <.01）との間に正の相関が認められた。「家族関係の悩み」と「高校 1 学期成績」（*r* = -.21，*p* <.01）との間に負の相関が，「高校 1 学期遅刻日数」（*r* = .20，*p* <.01）との間に正の相関が認められた。「セルフコントロールに関わる自己効力感」と「中学 3 年成績」（*r* = .22，*p* <.01），「高校 1 学期成績」（*r* = .41，*p* <.01）との間に正の相関が，「高校 1 学期欠席日数」（*r* = -.23，*p* <.01），「高校 1 学期遅刻日数」（*r* = -.39，*p* <.01），「高校 1 学期早退日数」（*r* = -.23，*p* <.01）との間に負の相関が認められた。「学業に関わる自己効力感」と「中学 3 年成績」（*r* = .29，*p* <.01），「高校 1 学期成績」（*r* = .43，*p* <.01）との間に正の相関が，「高校 1 学期遅刻日数」（*r* = -.22，*p* <.01）との間に負の相関が認められた。

7. 4　考察

　本章でははじめに，調査対象者の卒業予定年度末の動向を検討した。その結果，退学者は 38 人（6.2%），転学者は 20 人（3.3%），休学者は 3 人（0.5%）で，合わせて 61 人（10.0%）の生徒が入学した学校に通学しなくなっていた。文部科学省が公表する「中途退学率」は，前述のように単年度における在籍者

表7-9　精神的健康・自尊感情・自己効力感と学業成績・出席状況との相関（学校・学年・性の影響をコントロールした偏相関値）(n = 498 ～ 538)

	学業成績		出席状況					
	中学3年 成績	高校1学期 成績	中学1年 欠席日数	中学2年 欠席日数	中学3年 欠席日数	高校1学期 欠席日数	高校1学期 遅刻日数	高校1学期 早退日数
精神的健康								
不登校・学校嫌い傾向	− .12**	− .19**	.04	.10*	.18**	.18**	.15**	.10*
引きこもり・非社交性傾向	− .01	.06	.02	.05	.11*	.06	.00	− .03
いじめの問題傾向	− .03	− .04	.08	.10*	.13**	.03	.10*	− .04
体調不良	− .12**	− .13**	.13**	.19**	.21**	.16**	.13**	.02
思いつめ傾向	− .03	− .06	.12**	.17**	.19**	.15**	.13**	.05
注意の問題・衝動性傾向	− .10*	− .16**	.01	.04	.05	.07	.16**	.02
反社会傾向	− .17**	− .38**	.08	.10*	.17**	.18**	.42**	.26**
家族関係の悩み	− .16**	− .21**	− .02	.01	.02	.07	.20**	.02
自尊感情	.14**	.13**	− .04	− .03	− .05	− .04	− .08	.07
自己効力感								
対人関係に関わる自己効力感	.04	− .12**	.00	− .04	− .05	.05	.07	.14**
社会的役割に関わる自己効力感	.15**	.13**	− .07	− .01	− .06	− .02	− .09*	.01
セルフコントロールに関わる自己効力感	.22**	.41**	− .11*	− .13**	− .17**	− .23**	− .39**	− .23**
学業に関わる自己効力感	.29**	.43**	− .05	− .02	− .06	− .10*	− .22**	− .03
問題解決に関わる自己効力感	.15**	.12**	.06	.05	.00	− .07	− .02	− .01

注) 1 　*は，p <.05 を示す。
2 　**は，p <.01 を示す。

数を分母とした中途退学者数の割合で，1982 年度以降，2%台から 1%台へと推移している（文部科学省, 2021a）。これに対して，本研究における中途退学者の率の算出方法は，対象者について追跡調査を行い，退学に至った生徒の率を算出する方法で，文部科学省の方法とは異なる。本研究の中途退学者の率が調査対象地域に特有のものであるかどうか，同様に算出した全国の率と比較検討する必要がある。このことについては，第 11 章において改めて扱うこととする。

　本章では，調査対象者の卒業予定年度末の動向から，1 学年，2 学年，3 学年の順に学校を離脱する生徒が多いことも示された。この結果は，文部科学省の中途退学に関する調査の傾向と符合する。本研究においても，1 年生の段階における予防が重要であることが示唆された。

　次に，予防や介入にあたって必要な知見を得るために，各尺度得点の学年差・性差について検討を行った。精神的健康については，「不登校・学校嫌い傾向」「引きこもり，非社交性傾向」「いじめの問題傾向」「体調不良」「思いつめ傾向」「注意の問題・衝動性傾向」において学年差が認められ，いずれも上級生になるほど得点が高くなる傾向が認められた。自尊感情と自己効力感については学年差が認められなかった。高校生は，個人の経験をより長く積み重ねており，自尊感情や自己効力感は，そこに焦点を当てた介入が行われない限り，比較的安定した状態で学年を越えて推移する可能性があることが推察される。

　続いて，変数間の関連について検討を行ったところ，精神的健康に関わる各下位尺度，自尊感情，自己効力感の各下位尺度の間に多くの相関が認められた。精神的健康の面で困難を抱える高校生は，自尊感情や自己効力感が低く，その困難は複合的であることが示唆された。一方，精神的健康，自尊感情，自己効力感と学業成績・出席状況との関連は，一部の尺度で弱いもしくは中程度の相関が認められたのみであった。高校生の困難は，学業成績や出席状況という把握しやすい形で現れる場合がある一方，外からは見えにくい困難を有している可能性があることが，本章における分 s 系から示唆された。

第 *8* 章
■
退学者と転学者の特徴の比較

要旨

　高校生とそのホームルーム担任を対象とした調査をもとに，退学群と転学群の特徴の比較を行った。分析の結果，退学者と転学者は共通する特徴を多く有することが示唆された。以後の分析では，退学者と転学者に学業を継続していない休学者を加えた群を「ドロップアウト群」として，その特徴の検討を行うこととした。

8.1 目的

高校生とそのホームルーム担任を対象とした調査をもとに，退学群と転学群の特徴の比較を行う。

8.2 方法

調査対象者611人のうち，退学者38人，転学者20人（第7章参照）を，それぞれ「退学群」「転学群」とし，群間の特徴の比較を行った。間隔尺度（中学・高等学校の学業成績・出席状況・精神的健康・自尊感情・自己効力感）については t 検定を用いた。等分散が等しいと仮定できないときは，ウェルチの t 検定を用いた。名義尺度（入学形態，原級留置の有無，行動の問題，クラブ活動への加入）については，いずれの項目も n が10以下のセルが認められたことから，フィッシャーの直接確率法により比較検討を行った。

分析内容は以下のとおりである。

分析8-1 退学群と転学群との比較 ― 学業成績・出席状況・精神的健康・自尊感情・自己効力感 ― （ t 検定）

分析8-2 退学群と転学群との比較 ― 入学形態・原級留置の有無・行動等 ― （フィッシャーの直接確率法）

8. 3　結果

　t 検定の結果を表 8-1 に，フィッシャーの直接確率法の結果を表 8-2 に示す。

表 8-1　転学群と退学群との比較 — 学業成績・出席状況・精神的健康・自尊感情・自己効力感 — （t 検定結果）

	退学群			転学群			t 値	df
	n	M	SD	n	M	SD		
学業成績								
中学 3 年成績（5 段階評定）	34	2.22	.38	15	2.40	.46	1.38	47
高校 1 学期成績（10 段階評定）	33	3.36	1.66	18	4.13	1.49	1.63	49
出席状況								
中学 1 年欠席日数	35	16.46	30.62	17	12.47	18.20	.49	50
中学 2 年欠席日数	35	13.29	18.82	17	31.88	50.39	1.47	18.20
中学 3 年欠席日数	35	11.57	17.97	17	20.47	34.86	1.22	50
高校 1 学期欠席日数	32	5.94	9.29	18	1.83	2.20	2.38 *	36.84
高校 1 学期遅刻日数	32	7.97	9.35	18	5.33	4.37	1.35	46.85
高校 1 学期早退日数	32	.75	1.02	18	1.06	1.51	.77	25.80
精神的健康								
不登校・学校嫌い傾向	30	2.13	.69	17	2.36	.92	.97	45
引きこもり・非社交性傾向	30	1.53	.60	16	1.79	.81	1.24	44
いじめの問題傾向	30	1.62	.59	18	1.98	.73	1.87	46
体調不良	31	2.00	.59	18	2.21	.74	1.09	47
思いつめ傾向	31	2.19	.65	18	2.23	.80	.23	47
注意の問題・衝動性傾向	31	2.38	.64	18	2.53	.76	.73	47
反社会傾向	30	2.43	.63	17	1.96	.55	2.60 *	45
家族関係の悩み	31	2.39	.81	18	2.31	.82	.34	47
自尊感情	31	2.49	.60	18	2.27	.62	1.26	47

表 8-1（つづき）

	退学群			転学群				
	n	*M*	*SD*	*n*	*M*	*SD*	*t* 値	*df*
自己効力感								
対人関係に関わる自己効力感	29	3.19	.62	19	2.96	.55	1.31	46
社会的役割に関わる自己効力感	26	2.58	.55	19	2.64	.68	.36	43
セルフコントロールに関わる自己効力感	30	2.72	.54	19	2.86	.40	.93	47
学業に関わる自己効力感	30	2.64	.64	19	2.58	.67	.31	47
問題解決に関わる自己効力感	29	2.69	.63	18	2.68	.62	.07	45

注）1　自由度が小数の場合，*t* 検定にウェルチ法が用いられた。
　　2　*は，*p* <.05 を示す。
　　3　**は，*p* <.01 を示す。

表 8-2　退学群と転学群との比較 ― 入学形態・原級留置の有無・
　　　　行動等 ―（フィッシャーの直接確率法結果）

		退学群	転学群	*p* 値 （両側）	*φ*
高校への入学形態					
自己推薦型 入試で入学	該当	11	3	.338	-.152
	該当しない	26	16		
二次募集	該当	1	1	1.000	.065
	該当しない	36	18		
原級留置の経験	あり	1	1	1.000	.065
	なし	36	18		
行動の問題					
破壊的な行動	あり	1	0	1.000	-.097
	なし	36	19		
教師との対立	あり	0	3	.035*	.332
	なし	37	16		
生徒との対立	あり	5	2	1.000	-.043
	なし	32	17		
授業中の問題	あり	14	7	1.000	-.010
	なし	23	12		
クラブ活動加入	あり	12	9	.775	.045
	なし	16	10		

注）*は，*p* <.05 を示す。

　t 検定の結果,「高校 1 学期欠席日数」は,退学群が転学群より多かった（ $t(36.84) = .238$, $p < .05$）。精神的健康のうち「反社会傾向」は,退学群が転学群より多かった（ $t(36.84) = .238$, $p < .05$）。他の 20 項目においては有意な差が認められなかった。なお,「1 学期欠席日数」には,1,2 学期の段階で休学や退学となった生徒については,登校しなくなってから手続きが行われるまでの期間の欠席も含まれている。

　フィッシャーの直接確率法の結果,「教師との対立」のみ度数の偏りが認められ,転学群が退学群より多かった（ $p < .05$）。その他の項目では,有意な差が認められなかった。

　以上のように,退学群と転学群は,検討を行った 30 項目のうち 27 項目において,群間の得点または人数の間に有意な差が認められなかった。

8. 4　考察

　本章では,退学者と転学者の特徴について比較を行った。分析の結果,調査を行った 9 領域 30 項目（学業成績 2 項目,出席状況 6 項目,精神的健康 8 項目,自尊感情,自己効力感 5 項目,入学形態 2 項目,原級留置の経験,行動の問題 4 項目,クラブ活動加入）のうち,27 項目において有意な差が認められず,転学者と中途退学者は,共通する特徴を多く有していることが示唆された。

　一方,本研究においては,転学者と中途退学者には,異なる特徴がある可能性も見出された。群間で有意な差が認められたのは,「1 学期欠席日数」（退学群＞転学群）,「反社会傾向」（退学群＞転学群）,「教師との対立」（退学群＜転学群）の 3 項目であった。

　「1 学期欠席日数」が転学群より退学群が多かった理由として,中途退学者は転学者と比較して,より早い段階で学校からの離脱のプロセスが始まっていた可能性があることが考えられる。また,「反社会傾向」を有する生徒は退学

に至っている傾向がある一方，「教師との対立」がある生徒が必ずしも退学に至っているわけではなく，転学という形で学校を去っている状況があることも示された。

予備的研究1（第4章）では，ホームルーム担任へのインタビューの結果，転学者は共通してさまざまな困難を複合して有している状況が見られた。本章の分析の結果は，予備的研究1の結果を統計的に裏づけるものと言える。

以上のように27項目で退学群と転学群の差が認めらない点，困難を有し，入学した学校の卒業に至っていない点という等質性に着目し，以後の分析では，両群を合わせ，卒業に至った生徒の特徴と比較を行っていく。

なお，第6章の調査の結果，卒業予定年度に，休学中の生徒と原級留置を経て学業を継続中の生徒が見いだされた。このうち休学者は学業を継続していない状況であるため，退学者，転学者に休学者を合わせて「ドロップアウト群」とし，原級留置者は学業を継続している状況であるため卒業者と合わせて「卒業・継続群」とし，以後の分析を行う。

第*9*章

■

ドロップアウトに至った生徒の特徴の検討

要旨

　本章では，「ドロップアウト群」と「卒業・継続群」の比較を通じて，ドロップアウトに至った生徒の特徴について検討を行った。その結果，「ドロップアウト群」は，「卒業・継続群」より学業・行動の問題，精神的健康の面で困難を有している傾向が認められた。また，「卒業・継続群」は「ドロップアウト群」に比較して自己効力感が高い傾向が認められた。「ドロップアウト群」と「卒業・継続群」は，同居する家族の状況が異なることも示唆された。

9.1 目的

　第1章では，本研究における「ドロップアウト」を「高等学校を離脱すること，または高等学校の卒業に至らないこと」と定義し，退学や転学（転居によるものは除く）・休学・除籍等で学校を離脱する生徒を含むこととした。また，実際に第4章，第8章では，退学者と転学者（転居によるものは除く）が共通してさまざまな困難を有している状況が明らかになった。本章の分析では，第7章で学校を離脱していることが示された61人（退学38人，転学20人，休学3人）を「ドロップアウト群」，卒業者548人に原級留置者2人を加えた550人を「卒業・継続群」とし，両群の比較を通じて，ドロップアウトに至った生徒の特徴について検討を行う。

9.2 方法

　分析にあたり，間隔尺度（中学・高等学校の学業成績・出席状況・精神的健康・自尊感情・自己効力感）については t 検定を用いた。等分散が等しいと仮定できないときは，ウェルチの t 検定を用いた。名義尺度（入学形態，原級留置の有無，行動の問題，クラブ活動への加入）については x^2 検定を用いた。n が10以下のセルが認められた項目については，フィッシャーの直接確率法により比較検討を行った。

　分析内容は以下のとおりである。

分析9-1　「ドロップアウト群」と「卒業・継続群」との比較 ― 学業成績・出席状況・精神的健康・自尊感情・自己効力感 ―（t 検定）

分析 9-2	「ドロップアウト群」と「卒業・継続群」との比較 ― 入学形態，原級留置の有無，行動等 ― （x^2 検定・フィッシャーの直接確率法）
分析 9-3	自己効力感から成績，欠席，ドロップアウトの予測（重回帰分析）
分析 9-4	自己効力感から精神的健康の予測（重回帰分析）
分析 9-5	「ドロップアウト群」と「卒業・継続群」との比較 ― 同居家族の状況 ― （x^2 検定・フィッシャーの直接確率法）
分析 9-6	「ドロップアウト群」と「卒業・継続群」との比較 ― 祖父・父母との同居 ― （フィッシャーの直接確率法）

9.3　結果

9.3.1　「ドロップアウト群」と「卒業・継続群」との比較（**分析 9-1, 9-2**）

　t 検定の結果を表 9-1 に，x^2 検定およびフィッシャーの直接確率法の結果を表 9-2 に示す。

　中学 3 年の成績（$t(548) = 5.29$, $p < .01$），高校 1 学期成績（$t(563) = 10.237$, $p < .01$）は，「ドロップアウト群」が「卒業・継続群」より低かった。

　また，中学 1 年欠席日数（$t(58.63) = 2.19$, $p < .05$），中学 2 年欠席（$t(57.77) = 2.48$, $p < .05$），中学 3 年欠席（$t(58.50) = 2.68$, $p < .01$），1 学期欠席（$t(50.50) = 3.56$, $p < .01$），1 学期遅刻（$t(53.18) = 4.57$, $p < .01$），1 学期早退（$t(53.40) = 2.78$, $p < .01$）は，いずれも「ドロップアウト群」が「卒業・継続群」より多かった。

　自尊感情については，「ドロップアウト群」と「卒業・継続群」との得点に，有意な差は認められなかった。「学校生活サポートテスト」の 8 つの下位尺度のうち，「注意の問題・衝動性傾向」（$t(54.52) = 2.25$, $p < .05$），「反社会傾向」（$t(52.45) = 5.21$, $p < .01$），「家族関係の悩み」（$t(55.15) = 2.58$, $p < .05$）に

表 9-1 「ドロップアウト群」と「卒業・継続群」との比較 ― 学業成績・出席状況・
精神的健康・自尊感情・自己効力感 ―（ *t* 検定結果）

	ドロップアウト群			卒業・継続群			*t* 値	*df*
	n	*M*	*SD*	*n*	*M*	*SD*		
学業成績								
中学 3 年成績（5 段階評定）	52	2.29	0.40	498	2.64	0.46	5.29 **	548
高校 1 学期成績（10 段階評定）	53	3.53	1.67	512	5.77	1.50	10.24 **	563
出席状況								
中学 1 年欠席日数	55	14.78	26.36	499	6.82	16.28	2.19 *	58.63
中学 2 年欠席日数	55	18.60	32.55	499	7.52	18.19	2.48 *	57.77
中学 3 年欠席日数	55	13.89	24.22	499	4.96	14.76	2.68 **	58.50
高校 1 学期欠席日数	51	4.90	8.31	512	0.76	1.86	3.56 **	50.50
高校 1 学期遅刻日数	51	7.00	7.90	512	1.87	4.43	4.57 **	53.18
高校 1 学期早退日数	51	1.00	1.56	512	0.38	0.91	2.78 **	53.40
精神的健康								
不登校・学校嫌い傾向	48	2.21	0.77	519	2.10	0.66	1.08	565
引きこもり・非社交性傾向	47	1.62	0.67	512	1.69	0.53	0.83	557
いじめの問題傾向	49	1.75	0.66	514	1.73	0.55	0.16	561
体調不良	50	2.07	0.65	521	1.97	0.57	1.20	569
思いつめ傾向	50	2.19	0.70	516	2.17	0.65	0.17	564
注意の問題・衝動性傾向	50	2.42	0.69	511	2.19	0.52	2.25 *	54.52
反社会傾向	48	2.24	0.65	514	1.74	0.50	5.21 **	52.45
家族関係の悩み	50	2.35	0.80	521	2.05	0.64	2.58 *	55.15
自尊感情	50	2.42	0.61	531	2.38	0.57	0.48	579
自己効力感								
対人関係に関わる自己効力感	49	3.10	0.60	522	2.88	0.54	2.73 **	569
社会的役割に関わる自己効力感	46	2.61	0.60	525	2.81	0.58	2.19 *	569
セルフコントロールに関わる自己効力感	50	2.80	0.51	524	3.23	0.44	6.46 **	572
学業に関わる自己効力感	50	2.62	0.64	534	2.85	0.59	2.63 **	582
問題解決に関わる自己効力感	48	2.69	0.61	532	2.73	0.61	0.47	578

注）1　自由度が小数の場合，*t* 検定にウェルチ法が用いられた。
　　2　*は，*p* <.05 を示す。
　　3　**は，*p* <.01 を示す。

ついて，「ドロップアウト群」と「卒業・継続群」との得点に，有意な差が認
められた。
　また，「対人関係に関わる自己効力感」（*t* (569) = 2.73，*p* <.01），「社会的
役割に関わる自己効力感」（*t* (569) = 2.19，*p* <.05），「セルフコントロール
に関わる自己効力感」（*t* (572) = 6.46，*p* <.01），「学業に関わる自己効力感」
（*t* (582) = 2.63，*p* <.01）について，「ドロップアウト群」と「卒業・継続群」

表9-2 「ドロップアウト群」と「卒業・継続群」の比較 ― 入学形態・原級留置の有無・行動等 ― （x^2 検定及びフィッシャーの直接確率法結果）

		ドロップアウト群	卒業・継続群	p 値	φ
高校への入学形態					
自己推薦型入試で入学	該当	15	225	.006 ***	− .115
	該当しない	44	286		
二次募集	該当	2	24	.482	− .019 *
	該当しない	57	486		
原級留置の経験	あり	2	1	.030 **	.134 *
	なし	57	509		
行動の問題					
破壊的な行動	あり	1	3	.354	.040 *
	なし	58	509		
教師との対立	あり	3	7	.074	.086 *
	なし	56	505		
生徒との対立	あり	7	26	.034 **	.089
	なし	52	486		
授業中の問題	あり	21	35	.000 ***	.294
	なし	38	477		
クラブ活動加入	あり	23	338	.005 ***	− .120
	なし	27	173		

注) 1 　*はフィッシャーの直接確率法による。
　　2 　**は，$p<.05$ を示す。
　　3 　***は，$p<.01$ を示す。

との得点に，有意な差が認められた。

　x^2 検定およびフィッシャーの直接確率法の結果，自己推薦型入試入学者，クラブ活動に加入している生徒は，「ドロップアウト群」が「卒業・継続群」より少なかった（ともに $p<.01$）。

　また，原級留置の経験，「生徒との対立」は，「ドロップアウト群」が，「卒業・継続群」より多く（$p<.05$），「授業中の問題」も，「ドロップアウト群」が多かった（$p<.01$）。

　以上のように，「ドロップアウト群」は，「卒業・継続群」に対して，検討を行った 30 項目のうち，20 項目において有意な差が見出された。

9. 3. 2　自己効力感から成績，欠席，ドロップアウト，精神的健康の予測（分析9-3, 9-4）

　本研究では，前述の通り，保護要因の可能性を持つ変数として自己効力感に着目することとした。そこで，自己効力感がその後の学業・行動の特徴や精神的健康をどの程度予測するか，検討を行った。また，先に t 検定によって「ドロップアウト群」は自己効力感の得点が有意に低いことが示されたが，さらに，自己効力感がドロップアウトを予測するか，検討を行った。

　はじめに，Time 1 の自己効力感を説明変数，Time 2・Time 3 の成績，Time 2 ～ Time 4 の欠席，Time 4 ～ Time 6 のドロップアウトをそれぞれ従属変数とした重回帰分析（強制投入法）を行った。なお，Time 2（4 ～ 7 月）は 1 学期末，Time 3（8 ～ 12 月）は 2 学期，Time 4（1 ～ 3 学期）は年間の成績または欠席日数に該当する。多重共線性が生じている可能性を示す VIF の値は，1.37 ～ 1.86 であり，多重共線性が生じている可能性は低いと判断された。分析の結果を表9-3に示す。

　「対人関係に関わる自己効力感」から Time 2 成績に正のパス（$\beta = .265$，$p < .01$）が，Time 3 成績に負のパス（$\beta = -.21$，$p < .01$）が，ドロップアウトに正のパス（$\beta = .17$，$p < .01$）が見られた。「社会的役割に関わる自己効力感」から Time 3 欠席に正のパス（$\beta = .13$，$p < .05$）が見られた。「セルフコントロールに関わる自己効力感」から Time 2 成績，Time 3 成績に正のパス（順に，$\beta = .34$，$p < .01$；$\beta = .37$，$p < .01$）が，Time 2 欠席，Time 3 欠席，Time 4 欠席（1 年を通じての欠席）に負のパス（順に，$\beta = -.27$，$p < .01$；$\beta = -.22$，$p < .01$；$\beta = .22$，$p < .01$）が，ドロップアウトに負のパス（$\beta = -.29$，$p < .01$）が見られた。「学業に関わる自己効力感」から，Time 2 成績，Time 3 成績に正のパス（順に，$\beta = .31$，$p < .01$；$\beta = .26$，$p < .01$）が見られた。「問題解決に関わる自己効力感」からは，有意なパスは見られなかった。

表 9-3　Time1 の自己効力感から成績，欠席，ドロップアウトの予測（重回帰分析結果）

説明変数	従属変数					
	成績		欠席			ドロップアウト
	Time 2 (4～7月)	Time 3 (8～12月)	Time 2 (4～7月)	Time 3 (8～12月)	Time 4 (1～3学期)	
対人関係に関わる自己効力感	.27**	- .21**	- .01	- .06	- .06	.17**
社会的役割に関わる自己効力感	- .01	- .05	.03	.13*	.11	- .05
セルフコントロールに関わる自己効力感	.34**	.37**	- .27**	- .22**	- .22**	- .29**
学業に関わる自己効力感	.31**	.26**	- .01	- .04	- .05	.02
問題解決に関わる自己効力感	.01	.01	.07	- .02	- .02	.01
F 値	42.76**	23.87**	6.44**	4.34**	5.83**	10.37**
R	.55	.52	.25	.25	.24	.30
調整済みR^2	.30	.26	.05	.05	.05	.08

注）1　各セルの数値は β（標準偏回帰係数）
　　2　*は，$p<.05$ を示す。
　　3　**は，$p<.01$ を示す。

　続いて，Time 1 の自己効力感を説明変数，Time 2・Time 3 の「学校生活サポートテスト」各下位尺度を従属変数とした重回帰分析（強制投入法）を行った。VIFの値は，1.45～1.94であり，多重共線性が生じている可能性は低いと判断された。分析の結果を表9-4に示す。

　「高校生用学校生活自己効力感尺度」（Time 1）のすべての下位尺度が，「学校生活サポートテスト」によって示される不適応傾向（Time 2, Time 3）のいずれかを有意に予測した。また，「高校生用学校生活自己効力感尺度」（Time 1）の下位尺度のうち，「セルフコントロールに関わる自己効力感」が出席状況（Time 2, Time 3）を，「対人関係に関わる自己効力感」「セルフコントロールに関わる自己効力感」「学業に関わる自己効力感」が学業成績（Time 2,

表 9-4　自己効力感から精神的健康の予測（重回帰分析結果）

説明変数	不登校・学校嫌い傾向 Time2	Time3	引きこもり・非社交性傾向 Time2	Time3	いじめの問題傾向 Time2	Time3	体調不良 Time2	Time3	思いつめ傾向 Time2	Time3	注意の問題・衝動性傾向 Time2	Time3	反社会傾向 Time2	Time3	家族関係の悩み Time2	Time3
対人関係に関わる自己効力感	−.25**	−.21**	−.45**	−.45**	−.44**	−.37**	−.33**	−.34**	−.41**	−.35**	−.27**	−.22**	.23**	.16**	.05*	−.08**
社会的役割に関わる自己効力感	−.02	.13	−.02	−.04	.13*	0*	.05	.15*	.18*	.17*	.02	.12	.15*	.01	.07	.09
セルフコントロールに関わる自己効力感	−.36**	−.18*	−.27**	−.14*	−.27**	−.19**	−.35**	−.18**	−.33**	−.16**	−.45**	−.33**	−.56**	−.37**	−.29**	−.17*
学業に関わる自己効力感	.01	−.07	.10	.08	−.05	−.03	−.07	−.64	.01	.02	−.14*	−.19**	.01	−.06	−.06	−.11
問題解決に関わる自己効力感	−.09	−.15*	−.05	−.04	−.03	−.06	.00	−.13	−.07	−.20**	.02	−.04	−.17**	−.12	−.17*	−.12
F値	26.71**	11.56**	31.04**	22.82**	27.24**	14.50**	26.04**	18.61**	27.99**	18.43**	42.34**	24.34**	26.50**	12.70**	9.71**	7.10**
R	.57	.408	.594	.533	.573	.451	.560	.494	.575	.493	.652	.542	.566	.425	.382	.331
調整済み R^2	.31	.152	.341	.271	.317	.189	.302	.231	.318	.230	.415	.282	.308	.166	.131	.094

注）1　各セルの数値は β（標準偏回帰係数）
　　2　*は、$p < .05$ を示す。
　　3　**は、$p < .01$ を示す。

Time 3)を有意に予測した。「対人関係に関わる自己効力感」からドロップア
ウトに正のパスが見られた。「セルフコントロールに関わる自己効力感」から
ドロップアウトに負のパスが見られた。

9. 3. 3　ドロップアウトと家族の状況との関連（分析 9-5, 9-6）

　同居する家族の状況と，ドロップアウトとの関係を検討した。x^2 検定およ
びフィッシャーの直接確率法の結果を，表 9-5 に示す。

表 9-5　「ドロップアウト群」と「卒業・継続群」との比較 ― 同居家族の状況 ―（x^2
　　　　検定及びフィッシャーの直接確率法結果）

家族構成			ドロップアウト群	卒業・継続群	p 値	φ	
	父親	同居	42	453	.75	− .01	
		不在	9	86			
	母親	同居	47	515	.22	− .04	※
		不在	4	24			
	祖父	同居	7	164	.01*	− .10	
		不在	44	375			
	祖母	同居	21	252	.45	− .03	
		不在	30	287			
	兄弟	同居	25	284	.62	− .02	
		不在	26	255			
	姉妹	同居	24	274	.61	− .02	
		不在	27	265			

注）1　※はフィッシャーの直接確率法による。
　　2　*は，$p < .05$ を示す。
　　3　**は，$p < .01$ を示す。

　分析の結果，祖父と同居している生徒のみ，度数の偏りが認められ，卒業・
継続群が「ドロップアウト群」より多かった（$p < .05$）。その他の家族では，
有意な差が認められなかった。そこで，さらに祖父・父母の同居の状況とド
ロップアウトとの関連を検討した。フィッシャーの直接確率法の結果を，表
9-6 に示す。

　分析の結果，祖父と同居しており，かつ，両親と同居している生徒のみ，

表9-6 「ドロップアウト群」と「卒業・継続群」との比較 ― 祖父・父母との同居 ― （フィッシャーの直接確率法結果）

			ドロップアウト群	卒業・継続群	p 値（両側）	φ
父同居	母同居	祖父同居	6	134	.045 *	− 0.092
		祖父不在	33	304		
	母不在	祖父同居	0	4		
		祖父不在	3	11		
父不在	母同居	祖父同居	1	22	.439	− 0.106
		祖父不在	7	55		
	母不在	祖父同居	0	4		
		祖父不在	1	5		

注）*は，$p < .05$ を示す。

度数の偏りが認められ，卒業・継続群が「ドロップアウト群」より多かった（$p < .05$）。

9. 4　考察

9. 4. 1　学業・行動面の特徴とドロップアウトとの関連

　本章における分析の結果，「ドロップアウト群」は，「卒業・継続群」に対して，学業面・行動面で異なる特徴を顕著に有していることが示された。「ドロップアウト群」は，中学と高等学校の学業成績が「卒業・継続群」より低く，欠席・遅刻・早退が「卒業・継続群」より多かった。行動面では，「ドロップアウト群」のほうが，「生徒との対立」「授業中の問題」を有している生徒が多く，クラブ活動に加入していない生徒が多かった。また，「ドロップアウト群」には原級留置の経験があった生徒が多く，自己推薦型入試の合格者が少なかった。

9. 4. 2　精神的健康・自尊感情・自己効力感とドロップアウトとの関連

　「ドロップアウト群」と「卒業・継続群」を比較した結果，「ドロップアウト群」は「学校生活サポートテスト」によって測定された精神的健康の 8 つの下位尺度のうち，「注意の問題・衝動性傾向」「反社会傾向」「家族関係の悩み」の得点が有意に高かった。ドロップアウトに至った生徒は，これらの傾向に関わる困難を有していた可能性がある。

　自尊感情については，「ドロップアウト群」と「卒業・継続群」の間で有意な差が認められず，米国の先行研究の知見と異なる結果となった。自尊感情は，第 7 章で変数間の関連について検討を行った際，「反社会傾向」とだけ，有意な相関が認められなかった。「ドロップアウト群」の中で「反社会傾向」が高い生徒は，自尊感情の面で，他の傾向を有する生徒と異なっている可能性がある。

　自己効力感については， t 検定の結果，「対人関係に関わる自己効力感」「社会的役割に関わる自己効力感」「セルフコントロールに関わる自己効力感」「学業に関わる自己効力感」の 4 つの下位尺度について，「ドロップアウト群」と「卒業・継続群」の間に有意な差が認められた。また，重回帰分析の結果，「対人関係に関わる自己効力感」と「セルフコントロールに関わる自己効力感」の低さが，その後の成績の低さやドロップアウトを予測することが示唆された。また，「セルフコントロールに関わる自己効力感」の低さが欠席の多さ，「生徒との対立」「授業中の問題」，精神的健康面の問題を予測することが示唆された。

9. 4. 3　同居する家族の状況とドロップアウトとの関連

　本章の第 1 の目的は，同居する家族の状況とドロップアウトとの関連について検討することであった。 x^2 検定およびフィッシャーの直接確率法の結果，祖父と同居している生徒は，ドロップアウトしにくい傾向が認められた。さらに分析を進めたところ，両親と祖父が同居している生徒は，ドロップアウトしにくい傾向が認められた。

　Gamier, Stein, & Jacobs (1997) は，家庭の影響に着目して縦断的研究を行っ

た。彼らは，205のヨーロッパ系アメリカ人のさまざまな家族（両親のいる家族，シングルマザー，同棲中のカップル，コミューンやグループで暮らしている人）の家族を対象とした調査を実施し，その結果，家族の安定やストレス，社会経済的状況（SES）が，学業，モチベーション，ストレスと薬物の使用，最終的にドロップアウトに影響を及ぼすことを示した。Brooks-Gunn et al. (1993)は，児童期から青年期にかけての父親の存在がドロップアウト率を低くすることを示し，肯定的な父親との関係の影響，母子の関係や収入への間接的な影響，または測定されてはいないが，家族の安定との関連を示唆している。高橋（1987）は，病跡学の研究において，国内外の偉人たちに「偉大なる祖父」が影響を与えていることに着目し，核家族化が進むとともに父権なき時代と言われている今日の状況に照らして，示唆的な事象であることを指摘している。また，育児スタイルの研究は，家庭における厳格さの重要性を示唆している。Lamborn, Mounts, Steinberg, & Dornbusch (1991)は，養育スタイルに関する研究を行い，適応指標（社会心理的発達，学業成績，内面の苦悩，問題行動）との関連を検討した。その結果，受容・関与の程度と，監督の程度が高い厳格的（authoritative）な家庭の子どもが最も適応的であり，それらの程度がともに低い無視（neglectful）と分類された家庭の子どもが最も適応の状況が悪かった。これらの研究は，家族の安定，父性の存在，養育スタイルが子どもの適応と関連があることを示唆している。本研究の対象者においては，祖父の存在，あるいは，祖父と両親の存在が，家庭の安定，監督の程度，養育スタイルに寄与している可能性がある。

　なお，本研究ではデータが少なく，また，対象校が地方の農村地域に位置していることから，この結果を以て一般的な傾向として示すことには慎重でなければならない。家庭環境とドロップアウトとの関連は，米国の多くの先行研究で取り上げられている問題であり，日本においても，さらなる検討が望まれる。

第 *10* 章

ドロップアウトのタイプとその特徴の検討

要旨

　本章でははじめに，精神的健康を指標として，ドロップアウトのタイプ分けを行った。その結果，「注意の問題・衝動性傾向」「いじめの問題傾向」「体調不良」「反社会傾向」の４つのタイプが見出された。分析の結果，タイプごとに困難の状況が異なっていること，とりわけ「いじめの問題傾向」のタイプは，何重もの困難を抱えていた可能性があることが示唆された。続いて，ドロップアウトに至った時期（学年）によるタイプ分けを行った。その結果，１年次では中学校の成績不振がドロップアウトにつながりやすく，２年次・３年次には，心理的・精神的な問題がドロップアウトにつながりやすい傾向があることが示唆された。

10. 1　目的

　第2章で述べたように，米国では，ドロップアウトの予防において，対象者を均一のグループとして扱うことの限界が早くから指摘されていた（Tessenneer & Tessenneer, 1958; Wells, Bechard & Hamby, 1989）。本研究においても，第9章において，ドロップアウトに至った生徒の中に自尊感情の面で異なる傾向を有するグループがある可能性が示唆された。そこで，本章では，ドロップアウト群の中に異なる特徴を持ったサブグループが存在することを想定する。はじめに，「ドロップアウト群」のタイプ分けを行い，各タイプの特徴の検討を行う。続いて，ドロップアウトに至った時期（学年）を指標としてタイプ分けを行い，それぞれのタイプの特徴の検討を行う。

10. 2　方法

　タイプ分けは，「エクセル統計」を用いたコレスポンデンス分析により行った。コレスポンデンス分析は，対象の特性を比較してその関連や対応を知覚的にマッピングする方法で，ものさしとしての評価尺度と，評価対象の類似度を見ることができる（Hair, Anderson, Tatham, & Black, 1995; 君山, 2002）。コレスポンデンス分析では，マッピングによってデータ相互の関係性が視覚的に表現され，類似した要素同士は近くに，そうでないものは遠くにプロットされる。本研究においては，精神的健康の状態を示す尺度（「学校生活サポートテスト」）を評価尺度として使用した。マッピングによって第1象限から第4象限にプロットされた評価対象を象限ごとに4つのタイプに分類した。

　続いて，分散分析により，タイプごとの特徴の比較を行った。さらに，*t*検

定により，それぞれのタイプの「ドロップアウト群」と「卒業・継続群」の特徴とを比較した。

　分析内容は以下のとおりである。

分析 10-1　　「学校生活サポートテスト」の得点によるタイプ分け（コレスポンデンス分析）

分析 10-2 ～ 5　　4 つのタイプと卒業・継続群との特徴の比較（*t* 検定）

分析 10-6 ～ 9　　ドロップアウトに至った時期によるタイプと特徴の比較（分散分析）

‖ 10. 3　結果

10. 3. 1　「学校生活サポートテスト」の得点によるタイプ分け（**分析 10-1**）

　入学した学校で学業を継続していなかった 61 人（退学 38 人，転学 20 人，休学 3 人）について，「学校生活サポートテスト」の 8 つの下位尺度の得点をすべて投入し，コレスポンデンス分析を行った。分析の結果を，図 10-1 に示す。

　ドロップアウト者 61 人のうち，18 人は欠損値により分析対象とならなかった。残る 43 人が，第 1 象限から第 4 象限にわたってプロットされた。それぞれの象限ごとに，生徒を 4 つのタイプに分類した。各タイプの人数を表 10-1 に示す。タイプ I は退学 9 人・転学 3 人の計 12 人（27.9%），タイプ II は退学 4 人・転学 6 人の計 10 人（23.3%），タイプ III は退学 4 人・転学 2 人・休学 1 人の計 7 人（16.3%），タイプ IV は退学 12 人・転学 2 人の計 14 人（32.6%）であった。

　第 1 象限の原点から最も遠い位置には「注意の問題・衝動性傾向」が，そして，より原点に近い位置に「家族関係の悩み」がプロットされた。第 2 象限には「いじめの問題傾向」がプロットされた。第 3 象限の原点から最も遠

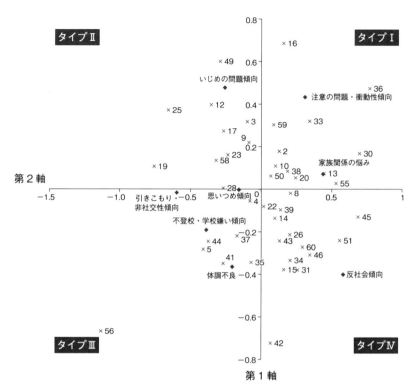

図 10-1　精神的健康の得点によるドロップアウトの 4 タイプ（コレスポンデンス
　　　　分析の結果）（N = 43）

表 10-1　ドロップアウトの各タイプの人数

	退学	転学	休学	合計
タイプ I	9	3		12　(27.9%)
タイプ II	4	6		10　(23.3%)
タイプ III	4	2	1	7　(16.3%)
タイプ IV	12	2		14　(32.6%)
合計	29	13	1	43　(100%)

い位置に「体調不良」が，そして，より原点に近い位置に「不登校・学校嫌い傾向」がプロットされた。また，第2象限との境界付近に，原点からやや遠く「引きこもり・非社交性傾向」が，原点に近い位置に「思いつめ傾向」がプロットされた。第4象限には「反社会傾向」がプロットされた。以後の分析では，第1象限から第4象限までにプロットされたドロップアウト者を，順にタイプⅠからタイプⅣとする。そして，原点から最も離れた位置にプロットされた傾向をより強く有するタイプとして，「タイプⅠ（注意の問題・衝動性傾向）」「タイプⅡ（いじめの問題傾向）」「タイプⅢ（体調不良）」「タイプⅣ（反社会傾向）」と表記することとする。

10. 3. 2　4つのタイプの群と卒業・継続群との特徴の比較（**分析 10-2 ～ 5**）

　ドロップアウトの4つのタイプの群と卒業・継続群の特徴とをそれぞれ，t 検定によって比較した。分析結果は以下の通りである。

(1) タイプⅠ（注意の問題・衝動性傾向）

　各項目・尺度の n, M, SD, 及び t 検定の結果を表 10-2 に示す。うち，タイプⅠ（注意の問題・衝動性傾向）は，卒業・継続群と比較して，学業面で「中学3年成績」「高校1学期成績」が低く，「高校1学期遅刻」が多かった。精神的健康では，「不登校・学校嫌い傾向」「引きこもり・非社交性傾向」「体調不良」「思いつめ傾向」が低く，「注意の問題・衝動性傾向」「反社会傾向」が高かった。自己効力感では，「対人関係に関わる自己効力感」が高く，「セルフコントロールに関わる自己効力感」が低かった。その他の項目では，群間に有意な得点の差が認められなかった。

(2) タイプⅡ（いじめの問題傾向）

　各項目・尺度の n, M, SD, 及び t 検定の結果を表 10-3 に示す。タイプⅡ（いじめの問題傾向）は卒業・継続群と比較して，学業面で「高校1学期成績」が低かった。精神的健康では，「不登校・学校嫌い傾向」「引きこもり・非社交性傾向」「いじめの問題傾向」「体調不良」「思いつめ傾向」「注意の問題・衝動

表 10-2　タイプⅠと卒業・継続群の比較（ t 検定結果）

	タイプⅠ			卒業・継続群			t 値	df
	n	M	SD	n	M	SD		
学業成績								
中学 3 年成績	9	2.29	0.51	498	2.64	0.46	2.23 *	505
高校 1 学期成績	10	3.60	1.53	512	5.77	1.50	4.55 **	520
出席状況								
中学 1 年欠席日数	9	10.44	15.49	499	6.82	16.28	0.66	506
中学 2 年欠席日数	9	10.00	23.69	499	7.52	18.19	0.40	506
中学 3 年欠席日数	9	5.00	7.37	499	4.96	14.76	0.01	506
高校 1 学期欠席日数	10	0.40	0.97	512	0.76	1.86	0.60	520
高校 1 学期遅刻日数	10	8.10	8.24	512	1.87	4.43	2.39 *	9.10
高校 1 学期早退日数	10	0.90	1.29	512	0.38	0.91	1.77	520
精神的健康								
不登校・学校嫌い傾向	12	1.66	0.77	519	2.10	0.66	2.28 *	529
引きこもり・非社交性傾向	12	1.26	0.50	512	1.69	0.53	2.75 **	522
いじめの問題傾向	12	1.60	0.50	514	1.73	0.55	0.85	524
体調不良	12	1.53	0.37	521	1.97	0.57	2.65 **	531
思いつめ傾向	12	1.79	0.55	516	2.17	0.65	2.04 *	526
注意の問題・衝動性傾向	12	2.66	0.70	511	2.19	0.52	3.07 **	521
反社会傾向	12	2.22	0.56	514	1.74	0.50	3.27 **	524
家族関係の悩み	12	2.35	0.99	521	2.05	0.64	1.05	11.21
自尊感情	12	2.48	0.66	531	2.38	0.57	0.59	541
自己効力感								
対人関係に関わる自己効力感	11	3.38	0.44	522	2.88	0.54	3.06 **	531
社会的役割に関わる自己効力感	12	2.57	0.78	525	2.81	0.58	1.36	535
セルフコントロールに関わる自己効力感	12	2.79	0.65	524	3.23	0.44	3.33 **	534
学業に関わる自己効力感	12	2.63	0.63	534	2.85	0.59	1.33	544
問題解決に関わる自己効力感	11	2.95	0.59	532	2.73	0.61	1.18	541

注）1　自由度が小数の場合，t 検定にウェルチ法が用いられた。
　　2　*は，p <.05 を示す。
　　3　**は，p <.01 を示す。

性傾向」が高かった。また，自尊感情，「対人関係に関わる自己効力感」「社会的役割に関わる自己効力感」「セルフコントロールに関わる自己効力感」「学業に関わる自己効力感」が低かった。その他の項目では，群間に有意な得点の差が認められなかった。

表 10-3　タイプⅡと卒業・継続群の比較（ *t* 検定結果）

	タイプⅡ			卒業・継続群			*t* 値	*df*
	n	*M*	*SD*	*n*	*M*	*SD*		
学業成績								
中学 3 年成績	9	2.44	0.44	498	2.64	0.46	1.25	505
高校 1 学期成績	10	3.85	2.01	512	5.77	1.50	3.99 **	520
出席状況								
中学 1 年欠席日数	10	16.50	20.85	499	6.82	16.28	1.85	507
中学 2 年欠席日数	10	38.00	61.82	499	7.52	18.19	1.56	9.03
中学 3 年欠席日数	10	23.90	30.04	499	4.96	14.76	1.99	9.09
高校 1 学期欠席日数	10	4.40	4.72	512	0.76	1.86	2.44	9.05
高校 1 学期遅刻日数	10	4.50	8.05	512	1.87	4.43	1.83	520
高校 1 学期早退日数	10	0.50	0.85	512	0.38	0.91	0.41	520
精神的健康								
不登校・学校嫌い傾向	10	2.84	0.82	519	2.10	0.66	3.48 **	527
引きこもり・非社交性傾向	10	2.31	0.81	512	1.69	0.53	2.43 *	9.15
いじめの問題傾向	10	2.59	0.70	514	1.73	0.55	4.82 **	522
体調不良	10	2.46	0.69	521	1.97	0.66	2.73 **	529
思いつめ傾向	10	2.87	0.70	516	2.17	0.65	3.31 **	524
注意の問題・衝動性傾向	10	2.96	0.58	511	2.19	0.52	4.63 **	519
反社会傾向	10	1.86	0.47	514	1.74	0.50	0.78	522
家族関係の悩み	10	2.38	0.63	521	2.05	0.64	1.64	529
自尊感情	10	1.87	0.43	531	2.38	0.57	2.81 **	539
自己効力感								
対人関係に関わる自己効力感	10	2.53	0.73	522	2.88	0.54	2.06 *	530
社会的役割に関わる自己効力感	10	2.34	0.48	525	2.81	0.58	2.50 *	533
セルフコントロールに関わる自己効力感	10	2.61	0.39	524	3.23	0.44	4.37 **	532
学業に関わる自己効力感	10	2.17	0.47	534	2.85	0.59	3.67 **	542
問題解決に関わる自己効力感	10	2.38	0.71	532	2.73	0.61	1.79	540

注）1　自由度が小数の場合，*t* 検定にウェルチ法が用いられた。

　　2　*は，*p* <.05 を示す。

　　3　**は，*p* <.01 を示す。

（3）タイプⅢ（体調不良）

　各項目・尺度の*n*，*M*，*SD*，及び *t* 検定の結果を表 10-4 に示す。タイプⅢ（体調不良）は卒業・継続群と比較して，「注意の問題・衝動性傾向」のみが低く，その他の項目では，群間に有意な得点の差が認められなかった。

表 10-4　タイプⅢと卒業・継続群の比較（ *t* 検定結果）

	タイプⅢ			卒業・継続群			*t* 値	*df*
	n	*M*	*SD*	*n*	*M*	*SD*		
学業成績								
中学 3 年成績	5	2.39	0.41	498	2.64	0.46	1.19	501
高校 1 学期成績	6	4.10	1.70	512	5.77	1.50	2.71	516
出席状況								
中学 1 年欠席日数	7	13.86	22.54	499	6.82	16.28	1.13	504
中学 2 年欠席日数	7	28.86	31.42	499	7.52	18.19	1.79	6.06
中学 3 年欠席日数	7	27.86	45.54	499	4.96	14.76	1.33	6.02
高校 1 学期欠席日数	5	2.60	3.13	512	0.76	1.86	1.31	4.03
高校 1 学期遅刻日数	5	5.20	5.07	512	1.87	4.43	1.67	515
高校 1 学期早退日数	5	1.20	1.79	512	0.38	0.91	1.02	4.02
精神的健康								
不登校・学校嫌い傾向	7	2.39	0.50	519	2.10	0.66	1.17	524
引きこもり・非社交性傾向	7	1.82	0.57	512	1.69	0.53	0.67	517
いじめの問題傾向	7	1.41	0.29	514	1.73	0.55	1.55	519
体調不良	7	2.25	0.44	521	1.97	0.57	1.30	526
思いつめ傾向	7	2.08	0.47	516	2.17	0.65	0.39	521
注意の問題・衝動性傾向	7	1.73	0.49	511	2.19	0.52	2.36 *	516
反社会傾向	7	1.73	0.36	514	1.74	0.50	0.03	519
家族関係の悩み	7	1.83	0.45	521	2.05	0.64	0.90	526
自尊感情	7	2.60	0.33	531	2.38	0.57	1.04	536
自己効力感								
対人関係に関わる自己効力感	7	3.05	0.59	522	2.88	0.54	0.82	527
社会的役割に関わる自己効力感	7	2.81	0.52	525	2.81	0.58	0.01	530
セルフコントロールに関わる自己効力感	7	3.10	0.55	524	3.23	0.44	0.76	529
学業に関わる自己効力感	7	2.95	0.68	534	2.85	0.59	0.43	539
問題解決に関わる自己効力感	7	2.55	0.42	532	2.73	0.61	0.80	537

注) 1　自由度が小数の場合，*t* 検定にウェルチ法が用いられた。
　　2　*は，*p* <.05 を示す。

(4) タイプⅣ（反社会傾向）

　各項目・尺度の *n*，*M*，*SD*，及び *t* 検定の結果を表 10-5 に示す。タイプⅣ（反社会傾向）は，卒業・継続群と比較して，学業面で「中学 3 年成績」「高校 1 学期成績」が低く，「高校 1 学期遅刻」「高校 1 学期早退」が多かった。精神的健康では，「引きこもり・非社交性傾向」「いじめの問題傾向」が低く，「反社会傾向」が高かった。また，自尊感情，「対人関係に関わる自己効力感」が高く，「セルフコントロールに関わる自己効力感」が低かった。その他の項目

表 10-5　タイプⅣと卒業・継続群の比較（*t* 検定結果）

	タイプⅣ			卒業・継続群			*t* 値	*df*
	n	*M*	*SD*	*n*	*M*	*SD*		
学業成績								
中学 3 年成績	13	2.12	0.40	498	2.64	0.46	4.05 **	509
高校 1 学期成績	12	3.52	1.22	512	5.77	1.50	5.17 **	522
出席状況								
中学 1 年欠席日数	13	17.85	36.97	499	6.82	16.28	1.07	12.12
中学 2 年欠席日数	13	11.23	12.29	499	7.52	18.19	0.73	510
中学 3 年欠席日数	13	12.08	21.78	499	4.96	14.76	1.17	12.29
高校 1 学期欠席日数	13	6.85	11.00	512	0.76	1.86	2.00	12.02
高校 1 学期遅刻日数	13	8.85	9.86	512	1.87	4.43	2.55 *	12.12
高校 1 学期早退日数	13	1.31	1.38	512	0.38	0.91	2.41 *	12.26
精神的健康								
不登校・学校嫌い傾向	14	1.96	0.45	519	2.10	0.66	0.75	531
引きこもり・非社交性傾向	14	1.29	0.20	512	1.69	0.53	6.89 **	18.54
いじめの問題傾向	14	1.39	0.36	514	1.73	0.55	2.32 *	526
体調不良	14	1.99	0.61	521	1.97	0.57	0.17	533
思いつめ傾向	14	2.05	0.50	516	2.17	0.65	0.72	528
注意の問題・衝動性傾向	14	2.24	0.54	511	2.19	0.52	0.34	523
反社会傾向	14	2.66	0.63	514	1.74	0.50	6.73 **	526
家族関係の悩み	14	2.33	0.78	521	2.05	0.64	1.62	533
自尊感情	14	2.74	0.63	531	2.38	0.57	2.37 *	543
自己効力感								
対人関係に関わる自己効力感	13	3.40	0.41	522	2.88	0.54	3.44 **	533
社会的役割に関わる自己効力感	9	2.86	0.46	525	2.81	0.58	0.29	532
セルフコントロールに関わる自己効力感	13	2.71	0.46	524	3.23	0.44	4.17 **	535
学業に関わる自己効力感	13	2.78	0.66	534	2.85	0.59	0.44	545
問題解決に関わる自己効力感	13	2.79	0.67	532	2.73	0.61	0.35	543

注) 1　自由度が小数の場合，*t* 検定にウェルチ法が用いられた。
　　2　*は，*p* <.05 を示す。
　　3　**は，*p* <.01 を示す。

では，群間に有意な得点の差が認められなかった。

10. 3. 3　ドロップアウトに至った時期によるタイプと特徴の比較

(1) ドロップアウトに至った時期ごとの人数

　ドロップアウト（退学・転学・休学）に至った時期ごとの人数を，表 10-6 に示す。ドロップアウト者 61 人のうち，1 年次でドロップアウトに至った生徒は 27 人（退学 21 人，転学 4 人，休学 2 人)，2 年次でドロップアウトに至っ

表 10-6　退学・転学・休学に至った時期

		1年生 (2006年度現在)				2年生 (2006年度現在)				3年生 (2006年度現在)				合計	
		男子	女子	計	合計	男子	女子	計	合計	男子	女子	計	合計	小計	合計
退学	1年次	19	2	21		—	—	—						21	
	2年次	5	3	8	31	2	3	5	6	—	—	—	1	13	38
	3年次	2	0	2		1	0	1		0	1	1		4	
転学	1年次	3	1	4		—	—	—						4	
	2年次	4	3	7	13	3	1	4	4	—	—	—	3	11	20
	3年次	0	2	2		0	0	0		0	3	3		5	
休学	1年次	0	2	2		—	—	—						2	
	2年次	0	0	0	2	0	0	0	0	—	—	—	1	0	3
	3年次	0	0	0		0	0	0		0	1	1		1	
合計	1年次	22	5	27		—	—	—						27	
	2年次	9	6	15	46	5	4	9	10	—	—	—	5	24	61
	3年次	2	2	4		1	0	1		0	5	5		10	
	合計	33	13	46		6	4	10		0	5	5		61	

注）1　年次は，退学・転学・休学に至ったのが何年生のときであったかということを示す。

　　2　「○年生（2006年度現在）」とは，調査を開始した2006年度に在籍していた学年を示す。

　　3　退学，転学，休学の別は調査終了時点でのもので，休学を経て退学・転学に至った生徒は記載していない。

た生徒は24人（退学13人，転学11人，休学0人），3年次でドロップアウトに至った生徒は10人（退学4人，転学5人，休学1人）であった。

(2)　ドロップアウトに至った時期と学業に関わる要因との関連

　はじめに，ドロップアウトに至った時期により，1年次ドロップアウト群，2年次ドロップアウト群，3年次ドロップアウト群の3群に分け，学業に関わる項目の得点の比較を行った。分析の結果を表10-7に示す。

　ドロップアウトに至った時期の主効果が有意であったのは，「中学3年成績」$F(2,49) = 7.06$, $p <.01$, $\eta^2 = .22$)で，1年次ドロップアウト群（$M = 2.09$）より2年次ドロップアウト群（$M = 2.40$）・3年次ドロップアウト群（$M =$

表 10-7　ドロップアウトに至った時期と学業の関連 ― 1 要因の分散分析結果 ―

	ドロップアウト に至った時期	N	M	SD	F値 (自由度)	η^2
中学 3 年成績	1 年次	24	2.09	.34		
	2 年次	18	2.40	.39	7.06[*] (2,49)	.22
	3 年次	10	2.55	.38	1<2,3	
	合計	52	2.29	.40		
中学 1 年欠席	1 年次	25	16.40	27.69		
	2 年次	20	15.55	31.07	.27 (2,52)	.01
	3 年次	10	9.20	6.58		
	合計	55	14.78	26.36		
中学 2 年欠席	1 年次	25	23.32	44.11		
	2 年次	20	14.65	19.42	.47 (2,52)	.02
	3 年次	10	14.70	16.09		
	合計	55	18.60	32.55		
中学 3 年欠席	1 年次	25	16.84	26.69		
	2 年次	20	14.00	26.55	.67 (2,52)	.03
	3 年次	10	6.30	6.53		
	合計	55	13.89	24.22		

注) 1　有意であった主効果の下には，多重比較の結果を符号化して示す。たとえば，
　　　 1<2,3 は 1 年次でドロップアウトした生徒の得点が 2・3 年次でドロップアウトし
　　　 た生徒の得点より有意に低いことを示す。
　　 2　[*]は，$p < .01$ を示す。

2.55) が高かった。その他の項目においては，群間に有意な差が認められな
かった。

(3)　ドロップアウトに至った時期と自尊感情・精神的健康の関連

　続いて，学業に関わる項目と同様に，ドロップアウトに至った時期によって
分けた 3 群について，自尊感情と「学校生活サポートテスト」が示す精神的
健康の得点の比較を行った。分散分析の結果を，表 10-8 に示す。

　ドロップアウトに至った時期の主効果が有意または有意傾向であったのは，
「自尊感情」（$F(2,47) = 2.54$, $p < .10$, $\eta^2 = .10$），「不登校・学校嫌い傾向」

表 10-8　ドロップアウトに至った時期と自尊感情・精神的健康の関連（1 要因の分散分析結果）

	ドロップアウトに至った時期	n	M	SD	F値（自由度）	η^2
自尊感情	1 年次	20	2.56	.54	2.54* (2,47) 1>3	.10
	2 年次	21	2.45	.66		
	3 年次	9	2.03	.49		
	合計	50	2.42	.61		
不登校・学校嫌い傾向	1 年次	20	2.18	.68	2.91* (2,45) 2<3	.11
	2 年次	19	2.00	.66		
	3 年次	9	2.72	1.02		
	合計	48	2.21	.77		
引きこもり・非社交性傾向	1 年次	19	1.57	.66	4.66** (2,44) 2<3	.18
	2 年次	19	1.40	.38		
	3 年次	9	2.17	.92		
	合計	47	1.62	.67		
いじめの問題傾向	1 年次	19	1.62	.58	2.14 (2,46)	.09
	2 年次	21	1.69	.59		
	3 年次	9	2.14	.89		
	合計	49	1.75	.66		
体調不良	1 年次	20	1.95	.48	2.70* (2,47) 1<3	.10
	2 年次	21	2.00	.66		
	3 年次	9	2.51	.81		
	合計	50	2.07	.65		
思いつめ傾向	1 年次	20	2.09	.48	.51 (2,47)	.21
	2 年次	21	2.21	.81		
	3 年次	9	2.37	.88		
	合計	50	2.19	.70		
注意の問題・衝動性傾向	1 年次	20	2.35	.73	.88 (2,47)	.04
	2 年次	21	2.36	.65		
	3 年次	9	2.69	.71		
	合計	50	2.42	.69		
反社会傾向	1 年次	20	2.41	.79	1.33 (2,45)	.06
	2 年次	20	2.16	.47		
	3 年次	8	2.02	.60		
	合計	48	2.24	.65		
家族関係の悩み	1 年次	20	2.36	.91	.37 (2,47)	.02
	2 年次	21	2.26	.67		
	3 年次	9	2.53	.89		
	合計	50	2.35	.80		

注）1　有意であった主効果の下には，多重比較の結果を符号化して示す。たとえば，1>3 は 1 年次でドロップアウトした生徒の得点が 3 年次でドロップアウトした生徒の得点より有意に高いことを示す。

　　2　*は，$p < .10$ を示す。

　　3　**は，$p < .05$ を示す。

（ $F_{(2,45)}$ = 2.91, $p <$ .10, η^2 = .11），「引きこもり・非社交性傾向」（ $F_{(2,44)}$ = 4.66, $p <$ .05, η^2 = .18），「体調不良」（ $F_{(2,47)}$ = 2.70, $p <$ .10, η^2 = .10）であった。「自尊感情」は，1 年次ドロップアウト群（ M = 2.56）より 3 年次ドロップアウト群（ M = 2.03）が低かった。「不登校・学校嫌い傾向」は，2 年次ドロップアウト群（ M = 2.00）より 3 年次ドロップアウト群（ M = 2.72）が高かった。「引きこもり・非社交性傾向」は，2 年次ドロップアウト群（ M = 1.40）より，3 年次ドロップアウト群（ M = 2.17）が高かった。「体調不良」は，1 年次ドロップアウト群（ M = 1.95）より 3 年次ドロップアウト群（ M = 2.51）が高かった。その他の下位尺度においては，有意な差が認められなかった。

（4）ドロップアウトに至った時期と自己効力感の関連

　上記と同様に，ドロップアウトに至った時期によって分けた 3 群について，自己効力感の得点の比較を行った。分散分析の結果を，表 10-9 に示す。ドロップアウトに至った時期の主効果が有意または有意傾向であったのは，「対人関係に関わる自己効力感」（ $F_{(2,46)}$ = 3.76, $p <$ .05, η^2 = .14）で，1 年次ドロップアウト群（ M = 3.26）より 3 年次ドロップアウト群（ M = 2.62）が低かった。その他の下位尺度においては，有意な差が認められなかった。

‖ 10.4　考察

10.4.1　精神的健康を指標としたドロップアウトのタイプとその特徴

　本章では，精神的健康を指標としてタイプ分けを行った。

　分析の結果，第 1 軸の正の側には，「いじめの問題傾向」「注意の問題・衝動性傾向」「家族関係の悩み」がプロットされた。第 1 軸の負の側には，「体調不良」「反社会傾向」がプロットされた。第 1 軸の正の方向にプロットされた生徒は，外界との葛藤や不調和を，より強く有していることが推察される。

　また，第 2 軸の正の側には，「引きこもり・非社交性傾向」「不登校・学校

表 10-9　ドロップアウトに至った時期と自己効力感の関連（分散分析結果）

	ドロップアウトに至った時期	n	M	SD	F値（自由度）	η^2
対人平均に関わる自己効力感	1年次	19	3.26	.46	3.76 * (2,46) 1>3	.14
	2年次	22	3.15	.59		
	3年次	8	2.62	.72		
	合計	49	3.10	.60		
社会的役割に関わる自己効力感	1年次	17	2.63	.58	.86 (2,43)	.03
	2年次	20	2.69	.71		
	3年次	9	2.38	.26		
	合計	46	2.61	.60		
セルフコントロールに関わる自己効力感平均	1年次	19	2.75	.62	.82 (2,47)	.03
	2年次	22	2.90	.48		
	3年次	9	2.66	.28		
	合計	50	2.80	.51		
学業に関わる自己効力感平均	1年次	19	2.77	.63	1.06 (2,47)	.04
	2年次	22	2.58	.67		
	3年次	9	2.41	.60		
	合計	50	2.62	.64		
問題解決に関わる自己効力感	1年次	18	2.81	.66	1.42 (2,45)	.06
	2年次	22	2.71	.47		
	3年次	8	2.38	.79		
	合計	48	2.69	.61		

注）1　有意であった主効果の下には，多重比較の結果を符号化して示す。1>3 は 1 年次
　　　でドロップアウトした生徒の得点が 3 年次でドロップアウトした生徒の得点より
　　　有意に高いことを示す。
　　2　* は，$p < .05$ を示す。

嫌い傾向」「いじめの問題傾向」「体調不良」「思いつめ傾向」がプロットされた。
第2軸の負の側には，「反社会傾向」「注意の問題・衝動性傾向」「家族関係の
悩み」がプロットされた。第2軸の正の側にプロットされた生徒は，傷つい
た経験や，内在化（internalized）傾向をより強く有し，負の側にプロットさ
れた生徒は，外在化（externalized）傾向をより強く有していることが推察さ
れる。

　したがって，「タイプⅠ」は外界との葛藤や不調和をより強く有し，問題の外在化傾向を有するタイプ，「タイプⅡ」は外界との葛藤や不調和をより強く有し，問題の内在化傾向を有するタイプ，「タイプⅢ」は外界との葛藤や不調和は比較的強くなく，問題の内在化傾向を有するタイプ，「タイプⅣ」は外界との葛藤や不調和は比較的強くなく，問題の外在化傾向を有するタイプであることが示唆される。

　以下，各タイプの特徴について検討を行う。

(1) タイプⅠ（注意の問題・衝動性傾向）

　タイプⅠに分類されたのは，欠損値がなく分析の対象になったドロップアウト者43人のうち，12人（27.9％）であった。このタイプは卒業・継続群と比較して，中学3年成績と高校1学期成績が低く，高校1学期の遅刻が多かった。また，「注意の問題・衝動性傾向」と，「反社会傾向」が高かった。「対人関係に関わる自己効力感」が高い反面，「セルフコントロールに関わる自己効力感」は低かった。発達障害，養育環境の影響等，背景にあるものは不明であるが，本研究では「注意の問題・衝動性傾向」が高い生徒が「反社会傾向」を有する場合，ドロップアウトに至るリスクが高まる可能性があることが示唆された。学業上の困難を含む，困難を抱える子どもの早期発見・早期支援により，二次的障害に至らせないことは，このタイプのドロップアウトを予防する鍵となる可能性がある。

(2) タイプⅡ（いじめの問題傾向）

　タイプⅡ（いじめの問題傾向）に分類されたのは，10人（23.36％）であった。この生徒は，卒業・継続群と比較して精神的健康の面で6つの下位尺度（「不登校・学校嫌い傾向」「引きこもり・非社交性傾向」「いじめの問題傾向」「体調不良」「思いつめ傾向」「注意の問題・衝動性傾向」）の得点が高く，何重もの困難を抱えている可能性があることが示唆された。中でも，「思いつめ傾向」が他のタイプより強く見られた。この得点が高いことは，「自殺を考えるような深刻な悩みを持っているか，精神科の対象となるような症状が起こって

いるという２つのいずれか，あるいは両者にあてはまる可能性がある」（杉原他）とされ，注意深い対応が必要な生徒と考えられる。このタイプは，卒業・継続群と比較して，自尊感情と自己効力感の４つの下位尺度（「対人関係に関わる自己効力感」「社会的役割に関わる自己効力感」「セルフコントロールに関わる自己効力感」「学業に関わる自己効力感」）の得点も低かった。自己効力感は人々の考え方，感じ方，動機づけ，生理反応，行動に影響を与え，ストレスへの耐性にも関わる信念である（Bandura 1977; 1995）。いじめを受けている生徒は，建設的な行動を生み出すことにつながる認知の面でも，困難を抱えている可能性がある。

　タイプⅡの生徒は卒業・継続群と比較して，中学３年の成績では有意な差が認められなかった一方，質問紙調査時期を含むX年１学期成績が低かった。また，X年１学期の出席状況については有意な差が認められなかった。いじめの問題傾向に関わるドロップアウトは，それまでに見られなかった成績の低下といった形で兆候が示される可能性がある。いじめとドロップアウトの問題については，後に改めて考察する。

(3) タイプⅢ（体調不良）

　このタイプに分類されたのは，分析対象者43人のうち，7人（16.3％）であった。このタイプの生徒は，卒業・継続群と比較して「注意の問題・衝動性傾向」のみが低く，その他の項目では有意な差が認められなかった。

　一方，コレスポンデンス分析では「体調不良」がプロットされた第３象限に，「不登校・学校嫌い傾向」「引きこもり・非社交性傾向」「思いつめ傾向」もプロットされていた。これらの傾向と関連するさまざまなタイプの体調不良の生徒が含まれていた可能性がある。

(4) タイプⅣ（反社会傾向）

　このタイプに分類されたのは，最も多い14人（32.6％）であった。このタイプは，卒業・継続群と比較して，中学３年と高校１学期の成績が低く，高校１学期の遅刻と早退が多かった。また，「セルフコントロールに関わる自己

効力感」が低かった。このタイプは，卒業・継続群と比較して，「対人関係に
関わる自己効力感」と自尊感情が高い点も特徴的であった。分析の結果から，
中学校の段階ですでに，学業の問題を有しており，高等学校では新年度の早い
時期から遅刻・早退が多い生徒，対人関係の葛藤が少なく，仲間集団とつなが
りながら，学校生活や社会のルールとは一線を画しながら生活している生徒像
が浮かぶ。

　Lamborn et al. (1991)は，親の養育スタイルに関する研究の中で，子どもへ
の要求が高い一方で，子どもの意見や感情を尊重しない「権威主義的」な養育
スタイルの家庭の子どもは，失望や欲求不満に対する耐性・自己統制が低く，
また，特に男児は通常より強い敵意を持つ傾向があるとしている。

　また，Sadock, Sadock, & Ruiz (2015)は，子どもに対する不適切な養育は
脳全体の発育に悪影響を及ぼし，攻撃的な行動を含む多くの有害な健康リスク
と関係と関係があることを指摘している。日本の令和 2 年度の少年院入院者
のデータでは，入院段階における本人の申告等により把握することのできたも
のだけでも，男子の 37.9％，女子の 68.6％が保護者等からの非虐待経験者で
あることが明らかになっている（法務省, 2021）。

　このタイプには，米国で見られるような，親支援を組み合わせた早期からの
支援が必要である可能性がある。

10. 4. 2　ドロップアウトに至った時期によるタイプと特徴

　ドロップアウトに至った時期によるタイプ分けと，その特徴を検討した結
果，1 年次は中学校時代までの学業不振に影響を受けやすく，2 年次・3 年次
は心理的・精神的な問題がドロップアウトにつながりやすい傾向があることが
示唆された。

　Tessenneer & Tessenneer (1958)は，前述のように，同一の要因が異なる生
徒に異なる方法で影響を与え，また，同一の生徒に対してさえも，異なる時期
に異なる方法で影響を与えている可能性があることを指摘している。本研究に
おいても，時期によってドロップアウトのリスクを高める要因が異なり，注意
を向けるべき対象や予防策も異なる可能性があることが示唆された。

第 *11* 章

日本における高等学校の非卒業者の率の推計

要旨

　文部科学省の算出方式による「中途退学率」は，近年 1 ～ 2％を推移している。これに対して，本書の研究の算出方式によると，退学者の率は 6.2％となった。第 7 章では，その率が調査対象地域に特有のものであるのか，検討することが課題として残されていた。

　本章では，国の公表データを用いて本研究と同様の方法で全国の入学者のうち中途退学に至った生徒の者の率を推計した。その結果，全国で約 6％の生徒が中途退学に至っている可能性があることが示された。除籍によって学校を去る生徒を加えると，卒業に至らない高校生の率はさらに高くなる可能性がある。加えて，日本の 16 歳から 18 歳の総人口のうち，高等学校に在籍していない若者が 10％以上にのぼっている可能性があることも示された。日本の高等学校の非卒業者の問題は，国が公表する「中途退学」の問題より，はるかに深刻と言える。現行の国の公表データは，調査方法や調査対象が異なるため，推計に限界があることも明らかになった。

11. 1 　目的

　文部科学省が公表する「中途退学率」は，前述のように単年度における在籍者数を分母とした中途退学者数の割合で，2％台から1％台へと推移している。これに対して，本書における退学者の率の算出方法は，対象者について追跡調査を行い，退学に至った生徒の率を算出する方法で，その率は6.2％となった。第7章では，その率が調査対象地域に特有のものであるのか，同様の方式で算出した全国の率と比較検討することが課題として残されていた。

　そこで本章では，国の公表データを用いて本研究と同様の方法で全国の入学者のうち中途退学に至った生徒の率を推計する。加えて，高等学校を卒業していないことによる負の影響を受けている可能性がある子どもたちが，日本にどのぐらいいるのかを知るために，16歳から18歳の総人口のうち，高等学校に在籍していない若者の率を推計する。

11. 2 　方法

　本章では，最近の国の公表データをもとに，次の検討を行う。

①　文部科学省の「児童生徒の問題行動・不登校等生徒指導上の諸課題に関する調査結果」（担当：文部科学省 初等中等教育局 児童生徒課）をもとに，卒業予定年度に至るまでの3年間（4年制課程の定時制では4年間）の累積の非卒業者の率を検討する。

②　総務省統計局の「人口推計」（担当：総務省統計局）と文部科学省の「学校基本調査」（担当：文部科学省 総合教育政策局 調査企画課）を組み合わせ，高等学校に在籍していない若者の数を検討する。

　データは，政府統計の総合窓口（e-Stat）から入手した。「児童生徒の問題行動・不登校等生徒指導上の諸課題に関する調査結果」と，文部科学省の「学校基本調査」については，担当課に，調査の方法や数値の算出方法について，聞き取りや確認を行った。

11.3　結果

(1) 卒業予定年度までに「中途退学」に至った生徒の率

　「児童生徒の問題行動・不登校等生徒指導上の諸課題に関する調査結果」をもとに，2016 年度（平成 28 年度）の 1 年生在籍者の中で，卒業予定年度までに「中途退学」に至った生徒がどのぐらい存在しているか，検討を行った。文部科学省の「学校基本調査」が，単位制の生徒を修得単位数に応じて学年に分けているのに対して，「児童生徒の問題行動・不登校等生徒指導上の諸課題に関する調査」では単位制の生徒は学年別の人数に含まれていない。そのため，はじめに，単位制を除く 1 年生在籍者の累積中途退学者数を推計した。公表されているデータによって，最も新しい状況が推計できたのは，2016 年度（平成 28 年度）の高校 1 年生であった。推計の結果を表 11-1 に示す。

　公表されている 2016 年度（平成 28 年度）の 1 年生の「中途退学者数」（A）は，15,830 人であった。また，「中途退学率」（B）は 1.6％であった。1 年生の在籍者数は同調査に記載されていないため，「児童生徒の問題行動・不登校等生徒指導上の諸課題に関する調査結果」をもとに，筆者が算出した。「中途退学者数」（A）と「中途退学率」（B）をもとに「推計在籍者数」（C）を算出したところ，1 年生の在籍者数は 989,375 人となった。この在籍者は，現実にはその後，原級留置，転学，休学による増減が生じるはずであるが，本研究においては，全員がそのまま進級したと仮定し，学年進行による中途退学者数とその率を試算した。

　試算の結果，2016 年度（平成 28 年度）の 1 年生が 2 年生となった 2017 年

表 11-1　2016 年度（平成 28 年度）の全国の高校 1 年生（単位制を除く）の累積中途退学者数（推計値）

年度	1年生			2年生		3年生		4年生 (定時制・通信制)		合計	
	A 中途退学者数	B 中途退学率	C 推計在籍者数	D 中途退学者数	E 中途退学率	F 中途退学者数	G 中途退学率	H 中途退学者数	I 中途退学率	J 中途退学者数	K 中途退学率
2016（H 28）	15,830	1.6%	989,375								
2017（H 29）				10,751	1.1%						
2018（H 30）						3,994	0.4%				
2019（R1）								289	0.03%	30,864	3.1%

注）1　政府統計の総合窓口（e-Stat）「児童生徒の問題行動・不当校等生徒指導上の諸問題に関する調査」（https://www.e-stat.go.jp/stat-search/files?page=1&toukei=00400304&kikan=00400&tstat=000001112655&result_page=1）より作成。

2　Aは，「児童生徒の問題行動・不当校等生徒指導上の諸問題に関する調査結果（平成 28 年度）【2 月確定値】＞6.高等学校中途退学等＞6-5 課程・学科・学年別中途退学者数（2018 年 2 月 23 日公開・更新）＞【④合計】（①国立・②公立・③私立の合計）＞1 年生の「中途退学者数」。Bは同表に記載されている「中途退学率」。単位制は含まれていない（以下同様）。

3　CはBをもとに算出した平成 28 年度の 1 年生の在籍者数（同調査では，学年別在籍者数が公表されていないため本研究において算出した。なお，文部科学省の「学校基本調査」に記載されている同年（平成 28 年度）の 1 年生の在籍者数は 1,114,890 人で，この数値と異なる。また，「学校基本調査」に記載されている同年の入学者数は，1,109,511 人で，同様に異なる数値となっている。

4　Dは，「児童生徒の問題行動・不当校等生徒指導上の諸問題に関する調査結果（平成 29 年度）」＞6.高等学校中途退学等＞6-5　課程・学科・学年別中途退学者数（2018 年 10 月 25 日公開・更新）＞【④合計】（①国立・②公立・③私立の合計）＞2 年生の「中途退学者数」。

5　EはCを分母としたときのDの率。

6　Fは，「児童生徒の問題行動・不当校等生徒指導上の諸問題に関する調査結果（平成 30 年度）」＞6.高等学校中途退学等＞6-5　課程・学科・学年別中途退学者数（2019 年 10 月 17 日公開・更新）＞【④合計】（①国立・②公立・③私立の合計）＞3 年生の「中途退学者数」。

7　GはCを分母としたときのFの率。

8　Hは，「児童生徒の問題行動・不当校等生徒指導上の諸問題に関する調査結果（令和元年度）」＞6.高等学校中途退学等＞6-5　課程・学科・学年別中途退学者数（2020 年 10 月 22 日公開・更新）＞【④合計】（①国立・②公立・③私立の合計）＞4 年生（定時制・通信制のみ）の「中途退学者数」。

9　IはCを分母としたときのHの率。

10　原級留置，転学，休学等によるプラス・マイナスは加味されていない。

表 11-2　2016 年度（平成 28 年度）から 2019 年度（令和元年度）の単位制の中途退学者数

年度	全日制 （中途退学率）		定時制 （中途退学率）		通信制 （中途退学率）		合計 （中途退学率）	
2016（H28）	3,151	（1.0%）	6,022	（9.4%）	8,130	（5.6%）	17,303	（3.2%）
2017（H29）	3,399	（1.0%）	5,665	（9.3%）	7,280	（5.2%）	16,344	（3.1%）
2018（H30）	3,575	（1.0%）	5,219	（9.1%）	7,971	（5.9%）	16,765	（3.1%）
2019（R1）	3,010	（0.9%）	4,634	（8.3%）	6,782	（5.2%）	14,426	（2.8%）

度（平成 29 年度）の「中途退学者数」（C）は 10,751 人で，1 年次の「推計在籍者」（C）に対する「中途退学者率」（E）は 1.1% となった。

　また，2016 年度（平成 28 年度）の 1 年生が 3 年生となった 2018 年度（平成 30 年度）の「中途退学者数」（F）は 3,994 人で，1 年次の「推計在籍者」（C）に対する「中途退学者率」（G）は 0.4% となった。

　2016 年度（平成 28 年度）の 1 年生が，修業年限が 4 年である定時制・通信制において 4 年生となった 2019 年度（令和元年度）の「中途退学者数」（H）は 289 人で，1 年次の「推計在籍者」（C）に対する「中途退学者率」（I）は 0.03% となった。

　2016 年度（平成 28 年度）の 1 年生が 4 年生になるまでの中途退学者の合計（J），すなわち累積中途退学者数は 30,864 人となった。また，1 年次の「推計在籍者」（C）に対する「中途退学者率」（K）は 3.1% となった。

　前述のように，単位制の生徒の中途退学者数は，表 11-1 の累積中途退学者数に含まれない。そこで，「児童生徒の問題行動・不登校等生徒指導上の諸課題に関する調査結果」をもとに，

表 11-3　文部科学省「児童生徒の問題行動・不登校等生徒指導上の諸問題に関する調査」で公表された 2016 年度（平成 28 年度）から 2019 年度（令和元年度）の「中途退学者数」と「中途退学率」

年度	「中途退学者数」	「中途退学率」
2016（H28）	47,249	1.4
2017（H29）	46,802	1.3
2018（H30）	48,594	1.4
2019（R1）	42,882	1.3

注）文部科学省が公表する「中途退学率」は，単年度の在籍者数に占める中途退学者数の率である。

　表 11-1 と同じ期間に単位制を去った中途退学者数を表 11-2 にまとめた。単位制全体で，2016 年（平成 28 年）から 2019 年（令和元年）の 4 年間，14,000人台から 17,000 人台，率にして 2.8％から 3.2％が「中途退学」に至っていた。

　これに対して，「児童生徒の問題行動・不登校等生徒指導上の諸課題に関する調査結果」に記載された 2016 年度（平成 28 年度）から 2019 年度（令和元年度）の「中途退学者数」および「中途退学率」は，表 11-3 のとおりである。単年度の在籍者数に占める中途退学者数の率は，1.3 ～ 1.4％であった。

(2) 16 ～ 18 歳の推計人口（総人口・日本人人口）と高等学校の在籍者数との差（推計値）

　次に，16 ～ 18 歳の推計人口（総人口・日本人人口）と高等学校の在籍者数との比較を行った。推計人口は，総務省統計局の「人口推計」に拠った。高等学校の在籍者数は，文部科学省の「学校基本調査」に拠った。同調査は全日制・定時制と通信制に分かれているため，全日制・定時制の在籍生徒数は全日制・定時制のデータ「135　学年別生徒数（8-1）」から，通信制の在籍生徒数は通信制のデータ「158　年齢別生徒数」から引用した。いずれも，前述の「卒業予定年度までの累積中途退学者の率の推計」と同時期の 2016 年（平成 28年）から 2018 年（平成 30 年）の 3 年分の公表データを使用した。なお，高等学校に在籍する生徒は，通信制課程のように在籍者が 15 歳から 65 歳以上にわたっている状況があるが（文部科学省「学校基本調査」），本研究においては「学校教育法」第 17 条に規定されている「学齢」に対応する 16 歳から 18歳の推計人口と高等学校の在籍者数を比較することとした。

　16 ～ 18 歳の推計人口（総人口・日本人人口）と高等学校の在籍者数との差を算出し，表 11-4 に示した。【人口推計】は，16 歳から 18 歳の「総人口」と「日本人人口」のデータを使用し，それぞれの合計（D）を算出した。【学校基本調査】は，「全日制・定時制」「通信制」の在籍者数のデータを使用し，その合計である高等学校の在籍者数（G）を算出した。その上で，DとGの差（H）を算出した。

　推計の結果，2016 年（平成 28 年）の 16 歳から 18 歳の「総人口」と高等

表 11-4　16～18歳の推計人口（総人口・日本人口）と高等学校の在籍者数の差

年度	[人口推計] A 16歳の入口	B 17歳の入口	C 18歳の入口	D A＋B＋C	[学校基本調査] E 在籍者数（全日制＋定時制）	F 在籍者数（通信制）	G E＋F	H D-G	参考：[問題行動・不登校等調査]の「中途退学者数」
2016 (H28)	総人口 1,201 / 日本人口 1,190	総人口 1,203 / 日本人口 1,191	総人口 1,229 / 日本人口 1,209	総人口 3,633,000 / 日本人口 3,590,000	3,309,342	155,295	3,464,637	総人口との差 168,363 / 日本人口との差 125,363	47,249
2017 (H29)	総人口 1,174 / 日本人口 1,163	総人口 1,202 / 日本人口 1,189	総人口 1,212 / 日本人口 1,191	総人口 3,588,000 / 日本人口 3,543,000	3,280,247	155,846	3,436,093	総人口との差 151,907 / 日本人口との差 106,907	46,802
2018 (H30)	総人口 1,159 / 日本人口 1,148	総人口 1,175 / 日本人口 1,163	総人口 1,214 / 日本人口 1,190	総人口 3,548,000 / 日本人口 3,501,000	3,235,661	162,205	3,397,866	総人口との差 150,134 / 日本人口との差 103,134	48,594

（単位 千人）

注）1　DはA・B・Cを加えた数値。上段は16～18歳の総人口。下段は16～18歳の日本人口。
　　2　HはDからGを引いた数値。上段は16～18歳の総人口と高等学校在籍者数との差。下段は16～18歳の日本人口と高等学校在籍者数との差。

学校の在籍者数の差は，168,363 人であった。16 歳から 18 歳の「日本人人口」と高等学校の在籍者数の差は，125,363 人であった。2017 年（平成 29 年）の 16 歳から 18 歳の「総人口」と高等学校の在籍者数の差が，151,907 人であった。また，16 歳から 18 歳の「日本人人口」と高等学校の在籍者数の差は，106,907 人であった。2018 年（平成 30 年）の 16 歳から 18 歳の「総人口」と高等学校の在籍者数の差は，150,134 人であった。また，16 歳から 18 歳の「日本人人口」と高等学校の在籍者数の差は，103,134 人であった。（ただし，人口推計の公表値は千人単位であるため，算出された数値 H の下 3 桁は厳密な数ではない）。

　なお，参考として，それぞれの年度に高等学校を「中途退学」によって去った生徒の数を「児童生徒の問題行動・不登校等生徒指導上の諸課題に関する調査結果」から引用した。2016 年度（平成 28 年度）の中途退学者数は 47,249 人，2017 年度（平成 29 年度）の中途退学者数は 46,802 人，2018 年度（平成 30 年度）の中途退学者数は 48,594 人であった。

11. 4　考察

11. 4. 1　中途退学者の率について

　本章では，文部科学省による公表データをもとに，卒業予定年度までに「中途退学」に至った全国の生徒の率を推計した。その結果，2016 年度（平成 28 年度）の 1 年生の累積中途退学者数は 30,864 人で，1 年次の「推計在籍者」の 3.1％となった。単位制の生徒は学年に分けられていないため，別途試算を行った。その結果，単位制の生徒の中途退学者の率は 2.8％から 3.2％で推移している可能性があることが示された。先の 3.1％にこれを加えると，全国で約 6％の生徒が中途退学に至っている可能性がある。本研究における 6.2％という中途退学者の率は，全国の状況と大きくかけ離れたものではないことが示された。

11. 4. 2　高等学校の非在籍者数の推計

　総務省統計局の「人口推計」と文部科学省の「学校基本調査」を組み合わせ，高等学校に在籍していない若者の数について検討を行った。2016 年（平成 28 年）から 2018 年（平成 30 年）にかけて，16 歳から 18 歳の「日本人人口」と高等学校の在籍者数の差は，100,000 人台から 120,000 人台で推移しており，その率は「日本人人口」の 9% 台から 10% 台にのぼっていた。また，16 歳から 18 歳の「総人口」と高等学校の在籍者数の差は，150,000 人台から 160,000 人台で推移しており，「総人口」の 12% 台から 14% 台にのぼっていた。

　以上の推計により，16 歳から 18 歳の日本人の 9 〜 10% が，また外国にルーツを持つ人々を合わせれば 12 〜 14% の若者が，高等学校に在籍していない可能性がある。外国にルーツを持つ人々の中には，学校教育法に規定されない外国人学校や民族学校に在籍している若者がいると考えられるが，少なくとも日本では，1 割を超える若者が後期中等教育またはそれと同等の教育を受けることができていない可能性がある。この率は，第 2 章で述べた，米国で指標が統一され，国ぐるみのドロップアウトの予防に取り組まれ始めた時期のドロップアウト率とほぼ同じである。その率の高さと，第 1 章で述べた個人と社会とが受ける負の影響に，社会の目が向けられる必要がある。

11. 4. 3　国の公表データによる推計の限界

　末冨他（2015）は，「学校基本調査」を用いることの限界として，定時制高校の 3 年制と 4 年制の分離ができず，便宜的に全員が 4 年後卒業として取り扱わざるを得なかったことを記している。そこには通信制の生徒も含まれていない。また，「児童生徒の問題行動・不登校等生徒指導上の諸課題に関する調査結果」が 4 月 1 日現在の在籍者を調査の対象としていることに対して，文部科学省の「学校基本調査」は 5 月 1 日現在の在籍者を対象としているため，両調査の在籍者数は一致しない。通信制課程や定時制課程では，転学や退学により前籍校を去った生徒を 4 月 1 日以降に受け入れるため，4 月 1 日現在の在籍者数を報告する「児童生徒の問題行動・不登校等生徒指導上の諸課題に関する調査結果」よりも，5 月 1 日現在の在籍者数を報告する「学校基本調査」の

ほうが多くなる（2021 年 9 月 20 日文部科学省からの聞き取り）。さらに，「学校基本調査」の通信制課程の在籍者数は履修者数であるため「不活動生」は含まれない。

総務省統計局の「人口推計」は，10 月 1 日現在のデータであるため，各年齢の人口と 4 月 1 日に始まる高等学校の各年度の在籍者の重なりは部分的である。たとえば 16 歳の推計人口は，前年の 10 月 2 日からその年の 10 月 1 までに 16 歳になった人の数であるため，そこに含まれる高校生は，その年の 4 月 1 日から 10 月 1 日までに 16 歳になった 1 年生ということになる。

本章では，全国で約 6 ％の生徒が中途退学に至っている可能性があることが示された。除籍によって学校を去る生徒を加えると，卒業に至らない高校生の率はさらに高くなる可能性がある。加えて，日本の 16 歳から 18 歳の総人口のうち，高等学校に在籍していない若者が 10 ％以上にのぼっている可能性があることも示された。日本の高等学校の非卒業者の問題は，国が公表する「中途退学」の問題より，はるかに深刻と言える。しかし，上記のように国の公表データに限界があり，調査方法や調査対象が異なるため，その深刻さがどのぐらいであるのか，推測にとどまらざるを得ない状況がある。かつて Rumberger (1987) が米国について指摘したように，現在の日本には，「高等学校の非卒業者のほんとうの率を誰も知らない。その率を算出する標準的な方法が存在しないためである」と言わざるを得ない状況がある。

第 *12* 章

総合的考察

要旨

　本研究を通じて明らかになった知見を整理し，ドロップアウト予防
への提言を述べる。

12.1 各章のまとめ

第1章 高等学校のドロップアウトの問題

　日本では，文部科学省によって公表される中途退学者数より多くの生徒が，卒業に至らずに高等学校を去っていることが指摘されている。高等学校の卒業に至らない生徒の問題を「中途退学」という枠組みの中だけで理解することは難しい。本研究では，問題をより広くとらえるために，海外の研究に通じる用語「ドロップアウト」を用いる。ドロップアウトは，個人と社会の双方に深刻な負の影響をもたらす。ドロップアウトの予防に向けた実効ある対策と，その基礎となる研究の進展が急がれる。

第2章 先行研究の概観

　米国と日本における研究を概観した結果，日本における5つの研究課題が見いだされた。それらは，次のとおりである。

(1)ドロップアウトの現状の把握

(2)ドロップアウトのリスク要因と保護要因に関する研究

(3)ドロップアウトのタイプに関する研究

(4)継時的な調査による実証的研究

(5)早期からの予防に関する研究

第3章 本研究の目的と扱われる変数

　本研究の第1の目的を，日本における高校生のドロップアウトの現状を検討することとする。第2の目的を，ドロップアウトのリスク要因と保護要因の検討を行うこととする。その際，ドロップアウトのタイプと，それぞれのタイプに関連する要因についても検討を行う。検討にあたっては，学校が把握している学業・行動等に関する要因に加え，高校生の精神的健康や心理的要因に焦点を当てる。本研究では特に，保護要因の可能性を持つものとして，生徒の行動変容につながる認知要因である自己効力感に着目する。扱われる変数相互

の関係についても検討を行う。

第 4 章　予備的研究 1　高等学校の非卒業者の特徴の検討 ― 担任へのインタビューをもとに ―

地方の全日制普通科の高等学校に入学した生徒 122 人について，ホームルーム担任へのインタビューを通じて，卒業予定年度末の動向と生徒の特徴について調査を行った。その結果，退学，転学，休学に至った生徒は，共通して，さまざまな困難を複合して有していたことが明らかになった。また，転学はいずれも，進級に必要な単位を修得できなかった結果として選択されたものであった。

第 5 章　予備的研究 2　「高校生用学校生活自己効力感尺度」の作成

自己効力感とドロップアウトとの関連を検討するため，学校生活の具体的な場面に関する自己効力感を測定する尺度を作成した。はじめに項目プールを収集するための予備調査を実施したのち，尺度構成を行った。作成された尺度は 50 項目で，5 下位尺度（「対人関係に関わる自己効力感」「社会的役割に関わる自己効力感」「セルフコントロールに関わる自己効力感」「学業に関わる自己効力感」「問題解決に関わる自己効力感」）によって構成された。

第 6 章　「ドロップアウトに関連する要因に関する調査」の方法

本書の研究の特徴は，3 年間にわたる継時的調査を実施し，ドロップアウトに関連する要因を検討することである。本章では 2 つの予備的研究（第 4 章・第 5 章）を経て実施された，本研究の中心をなす「ドロップアウトに関連する要因に関する調査」の方法と分析内容を示した。

第 7 章　基礎統計量，学年差・性差，変数間の関連

はじめに，調査対象者の卒業予定年度末の動向を検討し，卒業に至らなかった生徒の率を算出した。その結果，本研究における中途退学者の率は 6.2％で，文部科学省の算出方法による「中途退学率」と大きな開きがあった。また，転学者，休学者を加えると，10.0％の生徒が入学した学校に通学しなくなっていた。学校を離脱する生徒は，1 学年，2 学年，3 学年の順に多かった。続いて，予防や介入にあたって必要な知見を得るために，扱われた変数の学年差・性差と，変数間の関連について検討を行った。分析の結果，上級生になるほど精神

的健康の面で困難を抱えやすくなる傾向が認められた。また、変数間で多くの相関が認められ、高校生が抱える困難は複合的であることが示唆された。

第8章　退学者と転学者の特徴の比較

　高校生とそのホームルーム担任を対象とした調査をもとに、退学群と転学群の特徴の比較を行った。分析の結果、退学者と転学者は共通する特徴を多く有することが示唆された。以後の分析では、退学者と転学者に学業を継続していない休学者を加えた群を「ドロップアウト群」として、その特徴の検討を行うこととした。

第9章　ドロップアウトに関連する要因の検討

　「ドロップアウト群」と「卒業・継続群」の比較を通じて、ドロップアウトに関連する要因の検討を行った。その結果、「ドロップアウト群」は、学業・行動の問題、精神的健康の面で困難を有している傾向が認められた。また、「卒業・継続群」は「ドロップアウト群」に比較して自己効力感が高い傾向が認められた。「ドロップアウト群」と「卒業・継続群」は、同居する家族の状況が異なることも示唆された。

第10章　ドロップアウトのタイプとその特徴の検討

　はじめに、精神的健康を指標として、ドロップアウトのタイプ分けを行った。その結果、「注意の問題・衝動性傾向」「いじめの問題傾向」「体調不良」「反社会傾向」の4つのタイプが見いだされた。分析の結果、タイプごとに困難の状況が異なっていること、とりわけ「いじめの問題傾向」のタイプは、何重もの困難を抱えていた可能性があることが示唆された。続いて、ドロップアウトに至った時期（学年）によるタイプ分けを行った。その結果、1年次では中学校の成績不振がドロップアウトにつながりやすく、2年次・3年次には、心理的・精神的な問題がドロップアウトにつながりやすい傾向があることが示唆された。

第11章　日本における高等学校の非卒業者の率の推計

　文部科学省の算出方式による「中途退学率」は、近年1〜2%を推移している。これに対して、本書の研究の算出方式によると、退学者の率は6.2%となった。第7章では、その率が調査対象地域に特有のものであるのか、検討

することが課題として残されていた。

　本章では，国の公表データを用いて本研究と同様の方法で全国の入学者のうち中途退学に至った生徒の率を推計した。その結果，全国で約6％の生徒が中途退学に至っている可能性があることが示された。除籍によって学校を去る生徒を加えると，卒業に至らない高校生の率はさらに高くなる可能性がある。加えて，日本の16歳から18歳の総人口のうち，高等学校に在籍していない若者が10％以上にのぼっている可能性があることも示された。日本の高等学校の非卒業者の問題は，国が公表する「中途退学」の問題より，はるかに深刻と言える。現行の国の公表データは，調査方法や調査対象が異なるため，推計に限界があることも明らかになった。

第12章 　総合的考察 ― 本研究で得られた知見と提言 ―

　本研究を通じて明らかになった知見を整理し，ドロップアウト予防への提言を述べる。

12. 2 　本研究で得られた知見と提言

　本研究の第1の目的は，日本における高校生のドロップアウトの現状を検討することとであった。第2の目的は，ドロップアウトのリスク要因と保護要因の検討を行うことであった。それぞれの目的に沿って，本研究で得られた知見と予防に向けた提言を記し，総合的な考察とする。

12. 2. 1 　高校生のドロップアウトの現状について

　本研究では，調査対象者について卒業予定年度まで追跡調査を行い，退学に至った生徒の率を算出した。その結果，退学者の率は6.2％で，転学者と休学者を加えると，入学した学校に通わなくなっていた生徒の率は10.0％にのぼっていた（第7章）。国の公表データを用いて全国の入学者のうち中途退学に至った生徒の率を卒業予定年度までの累積で推計したところ，全国で約6％

の生徒が中途退学に至っている可能性があることが示された。また，16歳から18歳の総人口のうち，高等学校に在籍していない若者が10％以上にのぼっている可能性があることも示された（第11章）。国のデータにはさまざまな齟齬があり，推計の域を出ないものの，本研究の結果は，全国の状況とかけはなれたものではないと考えられる。

　これに対して，文部科学省の公表する「中途退学率」は，1982年（昭和57年）以降2％台から1％台へと推移し，2021年度（令和3年度）は1.2％となっている（文部科学省，2022b）。その裏側で，通信制課程への入学者数（転編入学者を含む）は増加の一途をたどり，2015年度（平成27年度）に45,986人であった入学者数が，2021年度（令和3年度）は65,244人にのぼっている（文部科学省「学校基本調査」）。「学校基本調査の手引」（文部科学省，2022a）には，通信制課程の入学者には転学者を含めて報告することとされているが，その内訳は公表されておらず，中学校からの入学者，転学者，中途退学後の編入学者の比は不明である。末冨他（2015）は，中退率と非卒業率との相関係数が，おおむね年度を追うごとに低下する傾向にあることを指摘し，その理由の一つとして，転出入者の影響がありうると述べている。通信制課程の入学者数を押し上げているのは，本研究で見てきたような，さまざまな困難を有し，支援を必要とする転学者である可能性がある。

　文部科学省によると，全国の通信制課程の中途退学者は2021年度の時点で8,245人であり，「中途退学率」は在籍比の3.8％となる（文部科学省，2022b）。第2章で見たように，履修登録をしていない「不活動生」が通信制課程に相当数存在し，不活動が続いた生徒が除籍という形で学校を去っている現状があること，通信制課程では卒業率が50％程度の学校もあることが指摘されている（国立大学法人山梨大学大学教育研究開発センター・通信制高等学校の第三者評価手法等に関する研究会，2011）。「中途退学者」として報告されずに，除籍によって学校を去る生徒の率が明らかにされる必要がある。また，単年度の在籍比ではなく，入学者を分母としたときの退学者比率が明らかにされる必要がある。

　第11章の推計では，16歳から18歳の日本人の9〜10％が，また外国に

ルーツを持つ人々を合わせれば 12 〜 14％の若者が，高等学校に在籍していない可能性があることが明らかになった。酒井・林（2012）は，「高卒資格を持たないことは社会的に大きなリスクを被るため，高校に行かないでいる者も学校に行かない子どもとして捉え，教育権保障の観点からこの問題を浮かび上がらせ，対応策を検討すべきである」と提言している。日本において，高等学校に行かない子どもも含め，負の影響を受けている可能性がある人々の数が把握される必要がある。国際比較も，その上で可能となると考えられる。

　Heckman (2010)は，「高校の卒業率は，米国社会の健やかさと，未来の労働人口のスキルのレベルのバロメーターである」と述べている。日本においても，政策立案の土台となる現状把握が必要である。

12. 2. 2　転学者が有する困難について

　第 4 章では，担任からのインタビューの結果，転学はいずれも，進級に必要な単位を修得できなかった結果として選択されたものであった。また，転学者は共通してさまざまな困難を複合して有している状況が見られた。また，第 8 章では，高校生とホームルーム担任を対象とした調査によって，転学群は退学者と同様に，学業や精神的健康において困難を有しており，学校生活に関わる各領域の自己効力感が低い傾向が認められた。

　日本ではこれまでも，転学に着目する必要があることが指摘されていた（青砥，2009; 乾他，2012; 酒井・林，2012, 土岐, 2014）。しかし，転学の実態は社会から見えにくいままであり，転学者の特徴についても充分な検討が行われてこなかった。高等学校の非卒業者の問題を考えるとき，改めて，転学者への視点が必要と言える。

　Rumberger & Thomas (2000)は，都市部と郊外の高等学校 247 校を対象とした調査を行い，転学率を算出するとともに，学校の特徴について検討を行った。その結果，学業面のリスクを有する生徒が集中する学校は転学率が高いことを示している。また，先行研究から得られる知見として，一部の生徒においては転学が学校を継続する役割を有していること，50％以上の転学が住所の移動のためではないこと，ドロップアウトも転学もともに生徒の自発的な学校

からの離脱に関わる形態であること，学校が「トラブルメーカー」やその他の手に負えない生徒を組織的に排除することによって生徒の不本意な離脱に寄与していることを挙げている。そして，ドロップアウトの問題に関わって転学に着目する必要があること，転学率は学校のパフォーマンスを示す有益な指標になり得ることを指摘した。

　本研究では，いじめの問題傾向を示すタイプの生徒は，転学者のほうが退学者よりも多いという点で，他のタイプと異なっていた。また，いじめの問題傾向を示すタイプの生徒は，さまざまな困難を抱え，その後の適応にも困難を抱えていく可能性があることが示唆された（第10章）。転学がいじめの問題で避難的な役割を果たし，被害生徒の学業の継続の助けとなっている可能性がある。そのような困難を抱えての転学は，退学と同様，未然の予防や転学先での回復が図られる必要がある。そのためには，退学者と同様に，転学の理由，率，転学後の卒業の可否が調査され，予防や支援に活かされる必要がある。

12. 2. 3　ドロップアウトに関連する要因について

　本研究では，第9・10章でドロップアウトに関連する要因について検討を行った。分析の結果を表12-1に示す。また，ドロップアウトと関連が認められた項目を表12-2に示す。

　30項目のうち26項目が，ドロップアウトと関連があることが示唆された。学業成績や出席の低さは，米国でドロップアウトのリスク要因とされてきた要因であり，本研究の結果もそれを裏付けるものとなった。Sroufe et al. (2005)は，学業の問題について，原因ではなくmarker（指標・目印）と考えることができると述べている。第10章では実際に，いじめの問題傾向を有するタイプは，中学校3年の成績では有意な差が認められなかったのに対し，質問紙調査を実施した1学期の成績が低かった。学業成績は，何らかの困難を有し，ドロップアウトに至るリスクの高い生徒を早期に把握するためのmarkerとなりうる。本研究ではまた，「注意の問題・衝動性傾向」「反社会傾向」「家族関係の悩み」がドロップアウトと関連していることが示唆された。これらも，生徒の様子や変化を見るまなざしの深さや，悩みを打ち明けられるあたたかい関

係づくりによって気づき，支援につなげることが可能な場合が少なくない。実際に，多くの生徒がそのようにして救われている可能性がある。生徒指導，教育相談の資質をより高める教員養成や研修が必要と言える。

　本研究では，「対人関係に関わる自己効力感」と「セルフコントロールに関わる自己効力感」の低さが直接ドロップアウトを予測した（第9章）。この結果は，本研究で得られた新たな知見と言える。また，「社会的役割に関わる自己効力感」「学業に関わる自己効力感」も，ドロップアウトのリスクを低減する役割を有している可能性がある。高等学校に自己推薦型入試で入学した生徒，クラブ活動に加入している生徒もドロップアウトしにくい傾向があることも示唆された。祖父と同居しており，かつ，両親と同居している生徒はドロップアウトに至りにくい傾向も見出された。本研究で得られた結果が普遍的なものであるか，さらなる検討が進められる必要がある。

12. 2. 4　予防・介入への提言
(1)　早期の少人数クラスの重要性
　前述のように，学業成績の低さがドロップアウトのリスク要因となることが先行研究と同様，本研究でも示された。第2章で示したように，先行研究は早期の少人数クラスが学力の保障とドロップアウトの予防の上で有効であることを示している。テネシー州のクラス規模に関する研究"Star Project"は，少人数のクラス（通常22 ～ 26人であるのに対して13 ～ 17人）で学習した子どもは，高等学校を卒業する可能性が有意に高く，少人数クラスの影響は低所得世帯の子どもにおいて顕著であったことを報告していた（Finn et al., 2005）。また，ハイリスクの子どもを対象としたPerry Preschool Project, Head Start Program, Child-Parent Center Programも，早期の少人数のクラスによる学力の保障が高等学校の卒業の可否に関連があることを示していた。Finn et al., (2005)は，少人数のクラスは，学業面だけでなく，態度やモチベーション，向社会的行動，学習習慣などとも関連し，ドロップアウト率に影響を与えている可能性があると推論している。

　Rumberger & Thomas (2000)は，生徒と教師の比率，教師の質，学校の統

表 12-1　ドロップアウトの要因に関する分析（第 9・10 章）の結果

分析	分析の内容	分析方法	結果
分析 9-1	「ドロップアウト群」と「卒業・継続群」との比較 ― 学業成績・出席状況・精神的健康・自尊感情・自己効力感 ―	t 検定	中学 3 年の成績，高校 1 学期成績は，「ドロップアウト群」が「卒業・継続群」より低かった。中学欠席，高校 1 学期欠席・遅刻・早退は，「ドロップアウト群」が「卒業・継続群」より多かった。「反社会傾向」「家族関係の悩み」は「ドロップアウト群」が「卒業・継続群」より高かった。「対人関係に関わる自己効力感」は「ドロップアウト群」が「卒業・継続群」より高かった。「社会的役割に関わる自己効力感」「セルフコントロールに関わる自己効力感」「学業に関わる自己効力感は「ドロップアウト群」が「卒業・継続群」より低かった。
分析 9-2	「ドロップアウト群」と「卒業・継続群」との比較 ― 入学形態，原級留置の有無，行動等 ―	x^2 検定・フィッシャーの直接確率法	自己推薦型入試入学者，クラブ活動に加入している生徒は，「ドロップアウト群」が「卒業・継続群」より少なかった。原級留置，「生徒との対立」「授業中の問題」は，「ドロップアウト群」が「卒業・継続群」より多かった。
分析 9-3	自己効力感から成績，欠席，ドロップアウトの予測（重回帰分析）	重回帰分析	「セルフコントロールに関わる自己効力感」が出席状況（Time 2，Time 3）を，「対人関係に関わる自己効力感」「セルフコントロールに関わる自己効力感」「学業に関わる自己効力感」が学業成績（Time 2，Time 3）を有意に予測した。「対人関係に関わる自己効力感」からドロップアウトに正のパスが見られた。「セルフコントロールに関わる自己効力感」からドロップアウトに負のパスが見られた。
分析 9-4	自己効力感から精神的健康の予測	重回帰分析	「高校生用学校生活自己効力感尺度」（Time 1）のすべての下位尺度が，「学校生活サポートテスト」によって示される不適応傾向（Time 2，Time 3）のいずれかを有意に予測した。
分析 9-5	「ドロップアウト群」と「卒業・継続群」との比較 ― 同居家族の状況 ―	x^2 検定，フィッシャーの直接確率法	祖父と同居しており，かつ両親と同居している生徒のみ，卒業・継続群がドロップアウト群より多かった

表 12-1（つづき）

分析	分析の内容	分析方法	結果
分析 9-6	「ドロップアウト群」と「卒業・継続群」との比較－祖父・父母との同居－	x^2 検定, フィッシャーの直接確率法	祖父と同居しており，かつ，両親と同居している生徒のみ，卒業・継続群がドロップアウト群より多かった
分析 10-1	精神的健康の傾向によるタイプの検討（コレスポンデンス分析）	コレスポンデンス分析	ドロップアウト群は，「注意の問題・衝動性傾向」が強いタイプ（27.9％），「いじめの問題傾向」が強いタイプ（23.3％），「体調不良」が強いタイプ（16.3％），「反社会傾向」が強いタイプ（32.6％）の4つのタイプに分かれた。
分析 10-2 〜5	各タイプと卒業・継続群の比較	t 検定	上記の4つのタイプと卒業・継続群との間に，それぞれの形で有意差のある項目が見出された。特に，卒業・継続群との間に多くの項目で差が見出されたのは「いじめの問題傾向」が高いタイプで，「不登校傾向・学校嫌い傾向」「引きこもり・非社交性傾向」「いじめの問題傾向」「体調不良」「思いつめ傾向」「注意の問題・衝動性傾向」が高く，「自尊感情」「対人関係に関わる自己効力感」「社会的役割に関わる自己効力感」「セルフコントロールに関わる自己効力感」「学業に関わる自己効力感」が低かった。
分析 10-6 〜9	ドロップアウトに至った時期によるタイプと特徴の検討	分散分析	1学年でドロップアウトに至った生徒は，2年次・3年次にドロップアウトに至った生徒より，中学3年成績が低かった。一方，2年次・3年次でドロップアウトに至った生徒は，自尊感情が低く，「不登校・学校嫌い傾向」「引きこもり・非社交性傾向」「体調不良」の得点が高かった。

表12-2 ドロップアウトとの関連が認められた変数

		全体	タイプⅠ	タイプⅡ	タイプⅢ	タイプⅣ	1年	2年	3年
				タイプ			ドロップアウトの時期		
学業成績	中学3年成績	**				**	**		
	高校1学期成績	**	*	**		**			
出席状況	中学1年欠席日数	*							
	中学2年欠席日数	***							
	中学3年欠席日数	***							
	高校1学期欠席日数	**	*			*			
	高校1学期遅刻日数	**				**			
	高校1学期早退日数	**				*			
精神的健康	不登校・学校嫌い傾向	*	*	**					
	引きこもり・非社交性傾向	**	**	**		**	*		
	いじめの問題傾向			***		*			
	体調不良		***	***					
	思いつめ傾向	*	*	**					
	注意集中の問題・衝動性傾向	***	***	***	***	**			
	反社会傾向	**	**			***			
	家族関係の悩み	**							
自尊感情		**	***	**		*			
自己効力感	対人関係に関わる自己効力感	**	***			***			
	社会的役割に関わる自己効力感	*	*	*		***			
	セルフコントロールに関わる自己効力感	***	***	***	***				
	学業に関わる自己効力感	**		***					
	問題解決に関わる自己効力感								
入学形態	自己推薦型入試で入学	**							
	二次募集								
原級留置の経験		*							
行動の問題	破壊的な行動								
	教師との対立	*							
	生徒との対立								
	授業中の問題								
クラブ活動加入		**							

注）1 タイプⅠ：注意の問題・衝動性傾向，タイプⅡ：いじめの問題傾向，タイプⅢ：体調不良，タイプⅣ：反社会傾向
　　2 ＊は，$p<.05$ を示す。
　　3 ＊＊は，$p<.01$ を示す。

制，大きさ，そして毎日の出席の平均といった学校の特徴が，ドロップアウト率に影響を及ぼすことを示している。米国では，全国で 20 人台の規模のクラスが実現しており，前述のように小学校の早期の段階で，それを 10 人台にすることが，後の学力向上とドロップアウト予防に寄与することが，縦断的研究によって確認されている。

　本研究では，ドロップアウトが「不登校・学校嫌い傾向」「引きこもり・非社交性傾向」「いじめの問題傾向」「体調不良」「思いつめ傾向」「注意の問題・衝動性傾向」「反社会傾向」「家族関係の悩み」と関連があることが示された（第 10 章）。少人数クラスの実現は，学校がそれらの問題を含む教育課題を乗り越えていく上で，大きな助けになると考えられる。海外のエビデンスを踏まえ，少人数クラスを実現するために予算を集中することの意義が，日本において議論される必要がある。

（2）いじめの影響と予防への視点

　日本において，いじめを原因とした高等学校のドロップアウトの率は不明である一方，第 10 章では，ドロップアウトに至った生徒の約 4 人に 1 人が，いじめの問題傾向を有するタイプに分類された。ドロップアウトに至った若者を対象としたものではないが，財団法人社会経済生産性本部（2007）は，自立に困難を抱える若者支援事業の対象者（「若者自立塾」に入塾中の若者及び地域若者サポートステーションを訪れた若者）への調査の結果，55％が「学校でいじめられた」と回答していることを報告している。

　本研究では，いじめの問題を有する生徒は，卒業・継続群と比較して，「不登校・学校嫌い傾向」「引きこもり・非社交性傾向」「いじめの問題傾向」「体調不良」「思いつめ傾向」「注意の問題・衝動性傾向」において得点が高く，精神的健康の面でにとりわけ苦しい状態にあることが示唆された。中でも「思いつめ傾向」は，「自殺を考えるような深刻な悩みを持っているか，精神科の対象となるような症状が起こっているという 2 つのいずれか，あるいは両者にあてはまる可能性がある」（杉原他，2002）とされる。調査対象者の中に，いじめの問題の把握と介入が早急に必要なケースが存在していた可能性がある。

　また，いじめの問題傾向が高いタイプの生徒は，卒業・継続群より自尊感情，「対人関係に関わる自己効力感」「社会的役割に関わる自己効力感」「セルフコントロールに関わる自己効力感」「学業に関わる自己効力感」の得点が低く，建設的な行動を生み出すと考えられる認知の面でも，困難を有している傾向が認められた。学校との関係が途切れることで，支援のための資源からも隔絶してしまう可能性がある。適切な支援や介入がなければ，ドロップアウト後の社会への適応にも，困難を抱え続けていく可能性がある。

　いじめは被害者の心身や人生に，学校恐怖症，無断欠席，社会的経験からの引きこもり，集中困難，学業不振，自信喪失，自尊感情の低下，疎外感，無用感，怒り，抑うつ，身体への影響，そして自殺念慮といった深刻な影響を及ぼすことが指摘されている（Bean, 2008; Bean, 2011）。小学校や中学校におけるいじめの影響が，高校生活に影響を及ぼしている可能性もある。ドロップアウトとその結果もたらされる人生の不利益は，いじめのもたらす深刻な影響の1つと言える。

　文部科学省の「令和元年度　児童生徒の問題行動・不登校等生徒指導上の諸課題に関する調査結果について」によると，2015年度（平成27年度）に225,132件であったいじめの認知件数（小学校・中学校・高等学校・特別支援学校の合計）が，2021年度（令和3年度）には615,351件となった。認知件数の増加の背景に「いじめ防止対策推進法」（2013）におけるいじめの定義の変更と，文部科学省による認知に向けた働きかけがあったことが考えられるが，後述するようなコロナ禍におけるストレスの影響も否定できない。2021年度内に解消に至ったいじめは493,154件であり，10万件を超えるいじめが当該年度中に解消に至っておらず，学校の対応が追いついていない状況があることが推察される。また，スクールカウンセラー等の相談員が継続的にカウンセリングを行っているケースは，いじめられた児童生徒，いじめる児童生徒ともに1.5％と少ない（文部科学省，2022b）。いじめの問題への介入に心理援助の専門家が活用されているケースが少ない状況もうかがわれる。

　藤江（2021）は，心理援助を組み合わせたいじめへの対応事例を報告している（本書の末尾に【資料】として掲載）。そこでは，被害生徒の恐怖心の大

きさを 0 から 100 のスケールで確認したところ，加害生徒の謝罪を受けた段
階で，まだ 60 の大きさの恐怖心が残っていたことが報告されている。そし
て，被害生徒の学校への復帰において，恐怖心への対応を含む心理援助が学習
支援を含む教育的対応と組み合わされたこと，いじめの事案発生の翌日から迅
速な支援が行われたこと，加害生徒へのチームによる指導と支援によって加害
生徒が変容し，その変容を被害生徒が信じられるようになったことが重要な役
割を果たした可能性があると考察されている。

　文部科学省の「いじめの防止等のための基本的な方針」（平成 29 年改訂）
には，加害者への成長支援の観点を学校が持つことの意義が記された。いじめ
を受けた児童生徒のケアに加え，いじめた児童生徒への成長支援を通じ，真の
意味でいじめの解消をはかる対応が取り組まれる必要がある。そのためには，
心理援助と教育的対応を組み合わせ，チームでの対応が迅速にできるしくみづ
くりが必要である。そのしくみについては，後述する。

(3) 自己効力感への視点

　本研究では，生徒の行動変容につながる認知要因である自己効力感に着目
し，ドロップアウトや他の変数との関連を検討した。分析の結果，「対人関係
に関わる自己効力感」と「セルフコントロールに関わる自己効力感」の低さが
直接ドロップアウトを予測し（第 9 章），「社会的役割に関わる自己効力感」「学
業に関わる自己効力感」も，ドロップアウトのリスクを低減する役割を有して
いる可能性があることが見いだされた。また，自己効力感の低さが，成績，出
席状況，精神的健康に関わる困難と関連があることも示された。

　「セルフコントロールに関わる自己効力感」はとりわけ，測定されたすべて
の変数と関連があり，ドロップアウトを予防する上で重要な保護要因としての
役割を果たしている可能性があること示唆された。セルフコントロールについ
ては，中学生の非行の抑止要因となっていることを示す研究がある（小保方・
無藤，2005）。また，セルフコントロールは，人の発達課題のうち「自律性」
や「勤勉性」に関わる。「自律性」は幼児期初期の，「勤勉性」は学童期の発達
課題とされる（Elikson, 1967; Newman & Newman, 1988）。ドロップアウト

の予防は，教育のかなり早い段階から始まっているということができる。

　高等学校においては，学業や行動の面で困難を有している生徒に対し，厳しい指導によって行動変容を求める場合がある。しかし，その生徒がなぜそれができないのか，何らかの困難を抱えているのではないかという点に立ち戻り，Banduraのいう自己効力の４つの情報源（実際場面での遂行，代理的経験，言語的説得，生理・情動的側面）に焦点を当てた支援を，できるだけ早い段階から行うことが重要と考えられる。

(4) 自尊感情への視点

　本研究においては，「ドロップアウト群」をひとまとまりにして分析をした際には見えなかった自尊感情とドロップアウトとの関連が，タイプごとの分析により示唆された。「いじめの問題傾向」の強いタイプは，卒業・継続群よりも自尊感情の得点が低く，「反社会傾向」の強いタイプは，卒業・継続群よりも自尊感情の得点が高かった。

　自尊感情は，必ずしも健康的なものばかりではなく，自己愛や，内面の認識の歪みと関わっていることを指摘する研究がある（Baumeister et al., 2003; 古荘, 2009）。また，苅谷（2001）は，社会階層の低いグループに特徴的なこととして，「現在志向」（将来のことを考えるよりも今の生活を楽しみたい），及び「成功物語・否定」（あくせく勉強してよい学校やよい会社に入っても将来の生活に大した違いはない）の高い生徒ほど，「自己の有能感」（自分には人よりすぐれたところがある）が高いことを示している。本研究の結果も，自尊感情が必ずしも向社会的行動をもたらすとは限らないことを示唆している。自尊感情について考えるとき，その内容やそれを裏づける認知への視点が必要と考えられる。

　内閣府（2014）は，日本と諸外国（韓国，アメリカ，英国，ドイツ，フランス，スウェーデンの６か国）の若者（13 ～ 29 歳）を対象とした意識調査を行い，日本の若者は「自分への満足感（私は，自分自身に満足している）」が諸外国に比較して低いことを報告している。また，日本の若者に特徴的なこととして，「自分への満足感」が，不信感（人は信用できないと思う）と，自己

有用感の欠如（私は役に立たないと強く感じる）と負の相関関係があったことを報告している。加藤（2014）はこの調査を分析し，日本の青年の自尊感情は，他者にとって自分は役立つ存在であるという有用性と分かち難く結びついたものであると述べている。他者を信頼し，他者のために役立っているという健やかな経験を重ねることを通じて，健康的な自尊感情を養うことは，学校ができる重要な取り組みと言える。

(5) 学校と教職員の持つ可能性

　Knesting & Waldron（2006）は，ドロップアウトのリスクが高い生徒たちが，学校を継続している要因について，半構造化面接と観察を通して検討を行った。彼らは，生徒たちが学校に彼らが留まることを望み，自分が留まるために援助してくれる人々がいることを認識していたことを報告し，「生徒たちは何かを信じることができていた」と述べている。そして，生徒の高校卒業を援助することのできる教育の方法を，以下の5点にわたって示している。

①　予防プログラムは重要ではあるけれども，プログラムは，生徒にそれを授けた教師によって適合するのであり，全力を傾け，世話をする教師が生徒の成功にとって重要であること。

②　肯定的なことに焦点を当て，生徒がうまくできたことを賞賛することで，生徒は自分自身を力づけ，安全であると感じ，教師の支援に対して開かれること。

③　高い期待を持ち，生徒の成功への可能性を信じること。

④　生徒とよく語ることで，教師は生徒の持つ困難をよりよく理解でき，また，教師が生徒たちの考えていることを知るために充分な注意を寄せていることを生徒に伝えることができること。

⑤　大人による小さな行動は，生徒の学校に対する態度に重要な影響を与えるため，アイコンタクト，丁寧に話すこと，意見を求めること，積極的傾聴，そして無視されたと感じることがないように注意を払うことが必要であること。

Lever et al.（2004）がボルチモアの6校の高等学校で実施したドロップアウ

ト予防プログラムの重要な要素の一つは，中学校2年の成績により学業不振の生徒をリストアップして，高等学校への入学前から入学後にかけて，大人と生徒のあたたかい関係を結びながら，学力を保障する支援を行うことであった。

米国カリフォルニア州のサンディエゴ統一学校区においては，2007年以来，ドロップアウト率の低減が最優先課題であった。リスクの高い9年生の生徒を対象としたエビデンスベースのドロップアウト予防プログラム（ミネソタ大学が開発した"Check & Connect"）等を取り入れ，メンターを活用した結果，2011年，カリフォルニア州の都市部の大規模学区のドロップアウト率がいずれも10％以上である中，5.9％に低減した（Institute on Community Integration, University of Minnesota; KPBS, 2012; Times of San Diego, 2014）。サンディエゴ統一学校区の担当者は，取り組みの重要な要素は，職業体験，モデルとなる先輩の訪問，支援者との関わりなどを通じて，未来を思い描けるようになり，目標を持ち，学校への出席率を高めることであると語った。また，予防プログラムの対象生徒が集い，学習面の支援を受けることができる部屋が校内に設置されていた（2012年の現地での情報収集による）。

Levin（2012）は，「学校はすべてのことはできないが，何かはできる。彼らが考えている以上に。（略）学校は，すべての生徒について理解し，ケアでき，おのおのの生徒の進歩が記録でき，生徒がドロップアウトしそうな際に能動的なステップがすぐ確保できる構造とプロセスを作る必要がある」と述べている。日本においても，大人とのあたたかい関係づくりと，早期にリスクを把握し，介入につなぐことのできる要素を持った予防プログラムが構築されることにより，多くの生徒と社会が恩恵を受けると思われる。

(6) 親への支援を組み合わせた組織横断的な支援の必要性

米国では前述のように，親の養育の質が子どものドロップアウトの予防において重要な鍵となること，養育の質を高めるための親への支援や介入が早期に行われることが有益であることが示されている（Jimerson et al., 2000; Gregory & Rimm-Kaufman, 2008）。

　第 2 章で示したように，米国では 50 年以上前から，リスクの高い家庭を対象とした幼児期における親への支援の予防的な意義に着目されていた。アフリカ系アメリカ人を対象とした“Perry Preschool Program”，低所得世帯を対象とする“Head Start Program”，“Head Start Program”と共通の内容を持つシカゴの Child-Parent Center のプログラムはいずれも，子どもの学力の保障と親への支援を組み合わせたものであった。例えば，“Head Start Program”は，親自身の高等学校の卒業，アウトリーチによる家庭の支援，看護，食事サービスを含む健康・栄養サービス等を組み合わせたものであった。

　厚生労働省（2015）は，2014 年に 19 歳以下の母親から出生した子どもの数が，13,010 人にのぼっていることを報告している。米国では，地域の公立高等学校の中に保育所が設置され，妊娠・出産後の高校生の学業の継続を支援する取り組みも行われている。日本でも，学校の中で託児室を開設している通信制課程があるが（藤江，2023），その数は限られている。そのような取り組みは，ドロップアウトと貧困の連鎖を防ぐ役割を持つものとして，日本において今後重要性を増してくると考えられる。

　Essau (2004) は，うつに関する研究の中で，リスクを持つ子どもの不適応を緩和し，レジリエンスを高める保護要因として，信頼できる大人の存在を挙げている。親が支援者として機能することのできる組織横断的な支援を学校教育における支援と組み合わせ，提供する仕組みが日本において構築されることが望まれる。

（7）スクールカウンセラーの常駐化

　2020 年 3 月，卒業式を前にした全国の学校は，新型コロナウイルス感染症の影響により一斉休校となり，子どもたちはそれまでの日常を失った。国立成育医療研究センター（2020）は，7 〜 17 歳の子ども 2,591 人が回答した「コロナ×こどもアンケート　第 1 回調査」（2020 年 4 月 30 日から 2020 年 5 月 31 日にかけて実施）の結果，75％の子どもたちに何らかのストレス反応や症状がみられたことを報告している。学校や社会は，その後も大きな波にもまれ続けた。そして，2022 年，不登校，いじめ，校内暴力が深刻化している状況

が明らかになった（文部科学省, 2022b）。

　石隈（1999）は，学校心理学の援助サービスについて，すべての子どもを対象とする一次的援助サービス，援助ニーズの大きい子どもを対象とする二次的援助サービス，問題状況にある子どもへの三次的援助サービスから成るモデルを提唱している。学校は，複数の専門家が恒常的にチームとして機能するとき，このいずれの段階でも，より多くのことをなすことができる。前述の藤江（2021）の報告は，心理援助の視点を持った者が日常的・恒常的に生徒に関わり，校内のシステムや資源が見える立場であったことが，いじめの解消において有効であったことを伝えるものであった。また，第2章で見たように，米国ではカウンセリング等の支援と組み合わせた就学前からのプログラムが有効であることが報告されている（Edmondson & White, 1998; Lever et al., 2004）。日本においても，就学前から心理援助を組み合わせた支援が行われることは，ドロップアウトを含むさまざまな問題の予防につながると考えられる。

　米国では，1980年代に，キャリア支援をはじめ個別の支援を担う常勤のスクールカウンセラーの各学校への配置が進められた。また，心理援助を専門とするスクールサイコロジストが，学校区の中でチームを作り，アセスメント，予防的教育，介入等の場面で担当校のスタッフの一員として児童生徒の支援に当たり，職員会にも出席する。一方，日本では，学校に配置されているスクールカウンセラーの多くが非常勤であり，迅速な，また変化する状況に対応する必要のあるチーム支援に恒常的に参画することは難しい。そのことも，いじめをはじめ，学校における生徒指導上の問題に，チーム支援が充分機能をしていない現状を生んでいる。教職をめざして学んでいるある大学生は，学校の生徒指導上のさまざまな課題について学び，レポートに以下のように記した。「（スクールカウンセラーの多くが非常勤である日本の現状の中で）まずは担任の先生にカウンセラーに相談したいと伝えるという壁があり，相談できたとしても何週間も後になってしまいます。担任の先生に伝える時点でもう限界に達して，勇気を出した子どもたちが多いと考えます。迅速な対応ができ，小さなことでも相談できるようにメンタルヘルス面での体制がもっと整えられればいい

と思います。」（藤江, 2023）。

　近年，虐待件数の増加，災害の頻発，若年者の自殺の問題の深刻化等，トラウマ・ケアや高い専門性が必要とされる状況が広がっている。また，不登校の30.7％が中途退学に至っていることを伝える報告もある（東京都教育委員会, 2016）。日本のスクールカウンセラーの多くは，米国のスクールサイコロジストが担っている心理援助の面で重要な役割を果たしている。スクールカウンセラーが学校に常駐することで，学校ができる支援の幅は格段に広くなる。スクールカウンセラーの常勤化が進み，学校が恒常的な協働の場となることで，より効力が高いチーム支援が可能になる。スクールカウンセラーの常駐に向けた制度設計とそのための養成・研修は，国の教育政策の重要な課題と言える。

(8)　ドロップアウト後のリカバリー

　学校は，ドロップアウトが生じたとき，生徒を地域の相談窓口，自立支援や就業支援の機関，福祉の窓口などにつなぐことで，影響がより深刻になることを防ぐ力を持っている。宮本（2011）は，そのような中退後の支援をしている高校が少ないこと，目的が不明確なままの再入学，高校生活を持続する上での障害が解決されないままの再入学のために，在籍が形骸化している例が少なくないことを指摘している。

　米国には，ドロップアウト後のリカバリーの支援を担う機関として，高等教育と生涯学習の機能を併せ持つコミュニティー・カレッジがある。筆者が情報収集に赴いたカリフォルニア州サンディエゴ市は，6か所にコミュニティー・カレッジを置き，San Diego Continyuing Education というプログラムを提供していた（http://www.sdce.edu/ classes/high- school-ged-basic-skills参照）。その中に，無償で高校卒業資格を得ることを支援するプログラムがあり，カウンセラーが相談に応じていた。ドロップアウトを「自己責任」とするのでなく，リカバリーを社会が担っていく。そのような取り組みが，日本においても生涯学習の中に位置づけれることが望まれる。

(9) 地域社会の資源の活用

　米国では，さまざまな機関がメンター・プログラムを提供しており，ボランティアを基本とするメンターが，困難を有する子どもに伴走型の支援を提供する。Levin (2012)は，ドロップアウト予防を目指す人々のためのハンドブックの中で，米国におけるメンタリング・プログラムの成果を挙げている。それらは，地域社会の大人は，学校の中にさまざまな可能性を運んでくること，どのような地域社会も，生徒にとってよいロールモデルであり，メンターとなる大人を含むこと，多くの地域社会の組織が，地区の外につながりを持っていること，メンタリングは他の取り組みと同様，注意深く計画・組織化されたとき，最も効果を発揮することである。

　日本でも近年，市町村，学校，公民館等の社会教育施設が関わって，放課後に学力の補充を目的とした無料の教室や塾を開く動きが進んでいる。学校を核とした学校支援ボランティアも広がりを見せているが，ドロップアウト予防の観点からも有益であると思われる。

(10) レバレッジ・ポイントへの視点

　Rumberger & Rotermund (2012)は，ドロップアウトの問題には，多くのレバレッジ・ポイント（てこのように，小さな力で大きく動かすポイント）が存在することを示している。米国では，すでに述べたように，リスクの高い人々に対して集中的に予算を投じることによって，ドロップアウト予防の効果をあげてきた。それは，個人の生活の質を高めるとともに，貧困の連鎖と拡大を防ぎ，犯罪を減らし，税収を確保し，社会保障費を抑制する。

　米国では前述のように，20人台の規模のクラスが実現しており，小学校の早期の段階で，それを10人台にすることが，後の学力向上とドロップアウト予防に寄与することが実証されている（Finn et al., 2005)。また，米国では，学校や学校区に常駐するスクールカウンセラーやスクールサイコロジストが，問題の予防において重要な役割を果たしている。一方，日本の学校は現在，背負う課題の多さに対し，人的資源が足りていない。本研究においては，学校や教職員の持つ可能性について，多く述べてきた。しかし，現在，教職員の多忙

化は深刻であり，そのことが，子どもたちに向き合い，子どもたちに関わる大切な時間を奪っている。また，子どもたちの抱える行動上の問題への対応に追われ，学級崩壊，さらには，そのことへの保護者からの批判といった悪循環の中で，疲弊している教職員の姿がある。実際，教育職員の精神疾患による病気休職者数は，近年 5,000 人前後で推移している（文部科学省，2021）。

　文部科学省（2013）の「教育指標の国際比較」平成 25（2013）年版（平成 25 年をもって廃止），文部科学省（2020）の「諸外国の教育統計 令和 2（2020）年版」，OECD（2021）の"Education at a Glance 2021"は，日本における 1 学級あたりの児童・生徒数の多さや公財政（とりわけ政府支出）における学校教育費の率の低さを伝えている。レバレッジ・ポイントは，問題ごとに，また，子どもごとにあるはずである。そこを見いだし，早期の段階で児童生徒や家庭に必要な支援を提供するためには，多くの目と専門家を含む迅速に動けるチームが必要である。

　近年，日本が若者にとって生きにくい国であることがさまざまな場で指摘されている。たとえば，日本はG7 において唯一，若年層の死因の第 1 位が自殺である国である。また，コロナ禍の中で，経済的・社会的に不安定な家庭の子どもたちが負の影響を受けている。本書の冒頭でみたように，高等学校の卒業に至らない人々の不利益は大きく，その影響は次世代にまで及ぶ。苅谷（2001）は，「教育にできることは，階層間の不平等を拡大しないこと」と述べている。少しでも早い教育政策の転換が必要である。

12. 2. 5　調査・研究への提言

　本研究では，ドロップアウトに関連する要因が複雑に重なり合っていることが示唆された。文部科学省の中途退学に関する調査は，その理由を，①学業不振，②学校生活・学業不適応，③進路変更，④病気・けが・死亡，⑤経済的理由，⑥家庭の事情，⑦問題行動等，⑧その他から教師が 1 つを選択する方式である（文部科学省，2022b）。このことについては，高等学校の退学の原因は単一なものでなく，複数の原因が複合的に絡み合っていること，担当教師が選択肢の中から理由を 1 つ選ぶという現行の調査方式には限界があることが指

摘されてきた（北大高等学校退学調査チーム，2011；杉江・清水，2000）。

　先に学業成績をドロップアウトに至るリスクの高い生徒を早期に把握するためのmarkerとして見る視点を提示したが，研究を進め，さらなるmarkerを見出すとともに，ドロップアウトへの複合的な影響について明らかにし，予防につなげる知見が，日本において蓄積される必要がある。そのための調査方法が，研究・開発される必要がある。

　日本におけるドロップアウトの研究課題については，これまで述べてきた。日本で実証的な研究が進んでいないことの背景の1つとして，データの入手の困難さがあると考えられる。本研究の調査期間は，高等学校入学後の3年間のみであったが，小学校・中学校に遡って長期の縦断的な調査を行うことによって，高校生のドロップアウトに影響を与える要因がさらに明らかになっていくと思われる。そのことが，より早期の予防・介入を可能にし，前述のように少ないコストでより大きい結果を得ることを可能にすると考えられる。

　米国では，国，州，地方レベルで縦断調査のデータが蓄積され，それを使用した研究が進展している。たとえばNCESが開発した国のデータベース"The National Education Longitudinal Study"を使用した研究（Rumberger & Thomas, 2000; Croninger & Lee, 2001），"The National Longitudinal Study of Adolescent Health"を使用した研究（Alexander et al., 2001），"The Beginning School Study"を使用した研究（Hawkins & Needle, 2013）などである。一方，本研究の結果は，調査対象が地方の一地域に限られており，その結果が全国の傾向を反映したものであるか，さらなる検討が必要である。エビデンスに基づく政策立案のためのデータの収集が，国レベルで進められていく必要がある。

　先行研究では，学校のタイプによって，ドロップアウトの状況が異なることが示されている（Horowitz, 1992; 片山，2008）。また，近藤（1994）は，学校・学級システムと子どもの適応の問題について，「マッチング」という観点でとらえることの必要性を指摘している。その観点は『『不適応』や『不適合』と言いうる現象があらわれた場合に，『どのような特性を持つシステムと，どのような特性を持つ個人との間に，どのような仕方でミスマッチという現象が

あらわれてきたのか』を明確化する視点，つまり環境と個人の両方に対してその特性を冷静にきめ細かに探究する姿勢を促進する」と述べている。ドロップアウトの問題においても，学校のタイプやシステム，教職員のありかたとの関連を検討する視点が必要と考えられる。

Rumberger (1987)は，ドロップアウトを予防するためには，教育的なサービスと教育とは異なるサービスを適切に組み合わせることを提言している。また，Freudenberg & Ruglis (2007)は，ドロップアウトの問題を健康の問題ととらえ，一つのタイプの介入でなく，教育，保健，その他の介入を広く結ぶことで，健康と教育上の達成の両方を推進するとともに，健康と教育における経済的，民族的不平等を減らすことができると述べている。日本においては，内閣府が，高等学校中途退学者を対象とした面接調査を行っており，宮本 (2012) は，その報告書において，後期中等教育の修了の支援が重要であると提言するとともに，重層的，組織横断的な対策の必要性を指摘している。教育と教育以外の支援とを組み合わせ，社会的に不利益を被っている可能性のある人々を減じていくための組織横断的な調査・研究が，日本において進展する必要がある。

引用文献

Alexander, K. L., Entwisle, D. R., & Kabbini, N. S. (2001). The dropout process in life course perspective: Early risk factors at home and school. *Teachers College Record*, **103**, 760-882.

Archambault, I., Janosz, M., Fallu, J., & Pagani, L. S. (2009). Student engagement and its relationship with early high school dropout. *Journal of Adolescence*, **32**, 651-670.

青砥 恭（2009）．ドキュメント高校中退―いま、貧困がうまれる場所　筑摩書房．

Bandura, A. (1977). Self-efficacy: Toward a unifying theory of behavioral change. *Psychological Review*, **84**, 191-215.

Bandura, A. (1995). *Self-efficacy in changing societies*. Cambridge: Cambridge University Press. （バンデューラ, A. 本明寛・野口京子（監訳）本明寛・野口京子・春木豊・山本多喜司（訳）（1997）．激動社会の中の自己効力　金子書房）．

馬頭忠治（2016）．地域と高校の新しい関係と形の模索　地域総合研究　43(2), 47-54.

Battin-Pearson, S., Newcomb, M. D., Abbott, R. D., Hill, K. C., Catalano, R. F., & Hawkins, J. D. (2000). Predictors of early high school dropout: A test of five theories. *Journal of Educational Psychology*, **92**, 568-582.

Baumeister, R. F., Campbell, J. D., Krueger, J. I., & Vohs, K. D. (2003). Does high self-esteem cause better performance, interpersonal success, happiness, or healthier lifestyles? *Psychological Science in the Public Interest*, **4**(1), 1-44.

Beane, A., Miller, T. W., & Spurling, R. (2008). The Bully Free Program: A Profile for Prevention in the School Setting. In Miller W. (Ed.), *School Violence and Primary Prevention*. C Springer, 391-404.

Beane, L. A. (2011). *Bully Free Classroom*. Minneapolis MN. : Free Spirit Publishing Inc.

Bowers, A. J., Sprott, R., & Taff, S. A. (2013). Do we know who will drop out? A review of the predictors of dropping out of high school: Precision, sensitivity, and specificity. *The High School Journal*, **96**, 77-100.

Brooks-Gunn, J., Guo, G., & Furstenberg, F. F. (1993). Who drops out of and who continues beyond high school? A 20-year follow-up of black urban youth. *Journal of Research on Adolescence*, **3**, 271-295.

Caraway, K., Tucker, C. M., Reinke, W. M., & Hall, C. (2003). Self-efficacy, goal orientation and fear of failure as predictors of school engagement in high school students. *Psychology in the Schools*, **40**(4), 417-427.

Check & Connect Student Engagement Intervention (2020) About Check & Connect, Institute on Community Integration, University of Minnesota 〈 http://checkandconnect.umn.edu/

model/default.html（2022 年 8 月 31 日）.

Croninger, R. G., & Lee, V. E.（2001）. Social capital and dropping out of high school: Benefits to at-risk　students of teachers' support and guidance. *Teachers College Record*, **103**, 548-581.

Currie, J., & Thomas, D.（2000）. School Quality and the Longer-Term Effects of Head Start. *Journal of Human Resources*, **35**(4), 755. Department of Education, Washington, DC, 1991, 〈http://find.ed/gov/〉（2013 年 1 月 17 日）

Department of Education（1991）. America 2000: An Education Strategy. Sourcebook, 〈http://eric. ed.gov/?id = ED327985〉（2015 年 9 月 16 日）

Duncan J G, Ludwig j, & Magnuson A K.（2007）. Reducing poverty through preschool interventions. Future Child. 2007 Fall, **17**(2), 143-60.

Edmondson, J. H., & White, J.（1998）. A tutorial and counseling program: Helping students at risk of dropping out of school. *Professional School Counseling*, **1**(3), 43-47.

江澤和雄（1993）. アメリカにおける高等学校退学問題　青少年問題　**40**(5), 52-56.

江本リナ（2000）. 自己効力感の概念分析　日本看護科学会誌　**20**(2), 39-45.

Erikson. E. H.（1967）. *Identity: youth and crisis*. New York: W. W. Nor-ton.（エリクソン . E. H. 岩瀬康理訳（1969）. 主体性［アイデンティティ］―青年と危機　北望社）

Essau, C. A.（2004）. Primary Prevention of depression. In Dozois, D. J. A., & Dobson, K. S.（Eds.）, The Prevention of Anxiety and Depression theory, research, and practice. Washington, DC: American Psychological Association, 190.

Finn, J. D.（1989）. Withdrawing from school. *Review of Educational Research*, **59**, 117-142.

Finn, J. D., Gerber, S. B., & Boyd-Zaharias, J.（2005）. Small classes in the early grades, academic achievement, and graduating from high school. *Journal of Educational Psychology*, **97**, 214-223.

Freudenberg, N., & Ruglis, J.（2007）. Reframing High School Dropout as a Public Health Issue. Centers for Disease Control and Prevention. 〈http://www.cdc.gov/pcd/issues/2007/oct/pdf/〉（2015 年 9 月 16 日）

藤生英行（1996）. 教室における挙手の規定要因に関する研究　風間書房.

藤江玲子（2021）. いじめ被害生徒の支援における三次予防の視点 ― 教育的対応と心理援助を組み合わせた実践を通じて　教育課程研究論集(9), 63-73.

藤江玲子（2023）. ドロップアウトに至った生徒の特徴と支援の可能性　教育心理学年報(62)（公刊予定）

Gamier, H. E., Stein, J. A., & Jacobs, J. K.（1997）. The process of dropping out of high school: A 19-year perspective. *American Educational Research Journal*, **34**, 395-419.

Gregory, A., & Rimm-Kaufman, S.（2008）. Positive mother-child interactions in kindergarten: Predictors of school success in high school. *School Psychology Review*, **37**(4), 499-515.

Hair, J. F., Anderson, R. E., Tatham, R. L., & Black, W. C (1995). *Multivariate date analysis with readings*. 4th ed. Englewood Cliffs, N.J.: Prentice Hall.

秦 政春（1981）．高校中退者の発生要因に関する分析　福岡教育大学紀要 第 4 分冊 教職科編　**31**, 61-94.

Hawkins, J. D., Catalano. R. F., & Miller. J. Y. (1992). Risk and protective factor for Alcohol and other drug problems in adolescence and early adulthood, *Psychological Bulletin* (American Psychological Association), **112**, 64-105.

Heckman, J. J., & LaFontaine, P. A. (2010). The Amerrcan high school graduation rate: Trends and levels. *The Review of Economics and Statistics*, **92**, 244-262.

Heckman, J. J., & Masterov, V. D. (2007). The Productivity Argument for Investing in Young Children. *Review of Agricultural Economics, American Agricultural Economics Association*, **29 (3)**, 446-493.

北大高校中退調査チーム（2011）．高校中退の軌跡と構造（中間報告）：北海道都市部における 32 ケースの分析　公教育システム研究 **10**　3-25.

本多正人（2016）．米国における義務教育終了年齢延長政策　国立教育政策研究所紀要, **145**, 9-41.

Horowitz, T. R. (1992). Dropout: Mertonian or reproduction scheme? *Adolescence*, **27**, 451-459.

法務省法務総合研究所（2012）平成 24 年版 犯罪白書.

法務省（2021）．令和 3 年版犯罪白書 https://www.moj.go.jp/content/001361628.pdf （閲覧日 2022.1.1）

乾　彰夫・桑嶋晋平・原未来・船山万里子・三浦芳恵・宮島　基・山﨑恵里菜（2012）．高校中退者の中退をめぐる経緯とその後の意識に関する検討：内閣府調査（2010）の再分析」『教育科学研究Ⅱ』**6**, 25-84.

石隈利紀（1999）．学校心理学 ── 教師・スクールカウンセラー・保護者のチームによる心理教育的援助サービス　誠信書房.

伊藤葉子（2003）．子どもとの相互作用における中・高校生の社会的自己効力感の発達　日本家政学雑誌　**54**, 245-255.

岩佐　一・権藤恭之・増井幸恵・稲垣宏樹・河合千恵子・大塚理加・小川まどか・高山　緑・蘭牟田洋美・鈴木隆雄（2007）．日本語版「ソーシャル・サポート尺度」の信頼性ならびに妥当性 ── 中高年者を対象とした検討 ──　厚生の指標　**54**(6), 26-33.

Janosz, M., LeBlanc, M., Bouleriee, B., & Tremblay, R. E. (2000). Predicting different types of school dropouts: A typological approach with two longitudinal cohorts. *Journal of educational Psychology*, **92**, 171-190.

Jimerson, S., Egeland, B., Sroufe, L. A., & Carlson, B. (2000). A prospective longitudinal study of high school dropouts: Examining multiple predictors across development. *Journal of School Psychology*, **38**, 525-549.

苅谷剛彦（2001）．階層化日本と教育危機――不平等再生産から意欲格差社会（インセンティブ・ディバイド）へ　有信堂高文社.

片山悠樹（2008）．高等学校退学と新規高卒労働市場――高校生のフリーター容認意識との関連から――　教育社会学研究　**83**, 23-43.

加藤弘道（2014）．自尊感情とその関連要因の比較：日本の若者は自尊感情が低いのか？　平成25年度 我が国と諸外国の若者の意識に関する調査　有識者の分析.〈http://www8.cao.go.jp/youth/kenkyu/thinking/h25/pdf/b3_1.pdf〉（2016年3月24日）

Kearney, A. C.（2008）. *Helping school refusing Children and their parents; A guide for school-based professionals*, New York: Oxford university press.

Keller, T. E., & Pryce, J. M.（2012）. Different roles and different results: How activity orientations correspond to relationship quality and student outcomes in school-based mentoring. *The Journal of Primary Prevention*, **33**, 47-64.

君山由良（2002）．コレスポンデンス分析と因子分析によるイメージの測定法　データ分析研究所.

Knesting, K., & Waldron, N.（2006）. Willing to pray the game: How at-risk students persist in school. *Psychology in the schools*, **43**(5), 599-611.

小林　剛（1993）．高校中途退学者の追跡調査（2）――中途退学者の中退後の意識変化と就労の周辺――　福井大学教育学部紀要Ⅳ（教育科学）　**46**, 33-51.

Kogan, S. M., Brody, G. H., & Chen, Y.（2011）. Natural mentoring processes deter externalizing problems among rural African American emerging adults: A prospective analysis. *American Journal of Community Psychology*, **48**, 272-283.

古賀　正（1999）．「中退問題」に関するディスコース分析（第一次報告）高校での事例研究から　宮城教育大学紀要　**34**, 221-239.

国立大学法人山梨大学大学教育研究開発センター通信制高等学校の第三者評価手法等に関する研究会（2011）．通信制高等学校の第三者評価制度構築に関する調査研究（最終報告書）〈http://www.mext.go.jp/a_menu/shotou/gakko-hyoka/05111601/1305977.htm〉（2015年10月31日）

駒村康平・道中隆・丸山桂（2011）．非保護母子世帯における貧困の世代間連鎖と生活上の問題　三田学会雑誌　**103**(4), 51-77.

近藤邦夫（1994）．教師と子どもの関係づくり――学校の臨床心理学――　東京大学出版会.

古荘純一（2009）．日本の子どもの自尊感情はなぜ低いのか　光文社新書.

厚生労働省（2020）．2019年国民生活基礎調査の概況https://www.mhlw.go.jp/toukei/saikin/hw/k-tyosa/k-tyosa19/dl/14.pdf（2021年9月21日）.

KPBS.（2012）. San Diego Schools Use Mentoring To Keep At-Risk Students On Graduation Track.〈https://www.kpbs.org/news/2012/sep/07/san-diego-schools-use-mentoring-keep-risk-students/〉（2015年9月16日）

Lamborn, S. D., Mounts, N. S., Steinberg, L., & Dornbusch, S. M. (1991). Patterns of competence and adjustment among adolescents from authoritative, authoritarian, indulgent, and neglectful families. *Child Development*, **62**, 1049-1065.

Lee, J., & Cramond, B. (1999). The positive effects of mentoring conomically disadvantaged students. *Professional School Counseling*, **2**(3), 172-178.

Lee, V. E., & Loeb, S. (1995). Where do head start attendees end up? One reason why preschool effects fade out. *Educational Evaluation and Policy Analysis*, **17**, 62-82.

Lever, N., Mark, A., Sander, M. A., Lomberdo, S., Randall, C., Axelrod, J., Rubunstein, M., & Weist, M. D. (2004). A drop-out prevention program for high-risk inner-city youth. *Behavior Modification*, **28**, 513-527.

Levin, B. (2012). *More high school graduates: How schools can save students from dropping out.* Thousand Oaks, CA, US: Corwin Press.

Malloy, W. (1997). Refocusing drop-out prevention initiatives: Neutralizing a defensive worldview within small school settings. *Educational Foundations*, **11**, 5-24.

松島るみ（2001）．青年期における対人的自己効力感尺度の検討　応用教育心理学研究　**18**(24)，5-11.

松田博昭・藤生英行（2004）．中学生の自己効力感（self-efficacy）をもとにした学校適応状況の把握　上越教育大学心理教育相談研究　**3**(1), 13-26.

宮本みち子（2011）．高校中退者のために何が必要か（内閣府「若者の意識に関する調査（高等学校退学者の意識に関する調査）報告書（解説版）」企画分析会議委員のコメント）33-39.〈http://www8.cao.go.jp/youth/kenkyu/school/pdf/kaisetsu〉（2015 年 1 月 17 日）

宮本みち子（2012）．高校中退者の実態をどう見るか・何が必要か（内閣府「若者の意識に関する調査；高等学校中途退学者の意識に関する面接調査）」報告書）.

文部科学省　学校基本調査.〈https://www.e-stat.go.jp/stat-search/files?page=1&toukei=00400001&tstat=000001011528〉

文部科学省（2008）．平成 20 年版 文部科学白書.〈http://www.mext.go.jp/b_menu/hakusho/html/hpaa200901/detail/1283506.htm〉（2013 年 1 月 17 日）

文部科学省（2013）．教育指標の国際比較（平成 25（2013）年版）.〈http://www.mext.go.jp/b_menu/toukei/data/kokusai/1332512.htm〉（平成 25 年 3 月公表）

文部科学省（2020）．諸外国の教育統計 令和 2（2020）年版〈https://www.mext.go.jp/content/20200821-mxt_chousa02-000009501-01.pdf〉（2022 年 8 月 31 日）

文部科学省（2021）．令和 2 年度 公立学校教職員の人事行政状況調査について（概要）.〈https://www.mext.go.jp/content/20211220-mxt_syoto01-000019568_000.pdf〉（2022 年 10 月 31 日）

文部科学省（2022a）．学校基本調査の手引.〈https://www.mext.go.jp/content/20220513-mxt_chousa01-000013781_06.pdf〉（2022 年 9 月 6 日）

文部科学省（2022b）．令和 3 年度 児童生徒の問題行動・不登校等生徒指導上の諸課題に関する調査結果について．〈https://www.mext.go.jp/content/20221021-mxt_jidou02-100002753_1.pdf〉（2022 年 10 月 28 日）

文部科学省（2022c）．生徒指導提要（改訂版）．〈https://www.mext.go.jp/a_menu/shotou/seitoshidou/1404008_00001.htm〉（2022 年 12 月 7 日）

内閣府（2009）．青少年の現状と施策／平成 21 年版青少年白書特集　高校中退者・中学校不登校生徒の『その後』と地域における支援．〈http://www8.cao.go.jp/youth/whitepaper/h21honpenhtml/html/mkj_honpen.html〉（2015 年 8 月 24 日）

内閣府（2011）．若者の意識に関する調査（高等学校中途退学者の意識に関する調査）報告書（資料版）〈http://www8.cao.go.jp/youth/kenkyu/school/shiryo.html〉（2013 年 1 月 17 日）

内閣府（2014）．平成 25 年度 我が国と諸外国の若者の意識に関する調査．〈http://www8.cao.go.jp/youth/kenkyu/thinking/h25/pdf_index.html〉（2016 年 3 月 24 日）

内閣府（2015）．平成 27 年度版　子ども・若者白書〈http://www8.cao.go.jp/youth/white paper/h27honpen/index.html（2015 年 6 月公表）

中西良文（2004）．成功／失敗の方略帰属が自己効力感に与える影響　教育心理学研究　**52**, 127-138.

那須光章（1991）．高校中途退学者の中退要因と学習，生活の実態に関する研究　滋賀大学教育学部紀要（人文科学・社会科学・教育科学）41, 87-106.

NCES : U. S. Department of Education National Center for Education Statistics（2005）．Task Force on Graduation, Completion, and Dropout Indicators.〈http://nces.ed.gov/pubs2005/2005105.pdf〉（2015 年 9 月 16 日）

NCES：U. S. Department of Education National Center for Education Statistics Institute of Education Sciences（2020）．Trends in High School Dropout and Completion Rates in the United States:2019, https://nces.ed.gov/pubs2020/2020117.pdf（2022 年 8 月 31 日）

Newman. B. M., & Newman. P. R.（1984）．Development through life. third ed. Homewood, Ill.: Dorsey Press.（ニューマン，B. M.・ニューマン，P. R. 福富護（訳）（1988）．生涯発達心理学：エリクソンによる人間の一生とその可能性　川島書店）

日本労働研究機構（1992）．調査研究報告書　No. 22　高校退学者の就業の実態と意識 ―「青年期の進路変更とキャリア形成に関する調査」報告書 ―〈http://db.jil.go.jp/db/seika/zenbun/E2000011252_ZEN.htm〉（2013 年 1 月 17 日）

小保方晶子・無藤　隆（2005）．親子関係・友人関係・セルフコントロールから検討した中学生の非行傾向行為の規定要因および抑止要因　発達心理学研究　**16**, 286-299.

OECD（2021）．"Education at a Glance 2021"〈https://www.oecd.org/education/education-at-a-glance/〉（2022 年 9 月 6 日）

Reynolds, A. J., Ou, S. R., & Topitzes, J. W.（2004）．Paths of effects of early childhood intervention on educational attainment and delinquency: A confirmatory analysis of the Chicago Child-Parent Centers. *Child Development*, **75**, 1299-1328.

Rosenberg, M. (1965). *Society and the adolescent self-image*. Princeton, N. J.: Princeton University Press.

Rumberger, R. W. (1987). High school dropouts: A review of issues and evidence. *Review of Educational Research*, **57**(2), 101-121.

Rumberger, R. W., & Thomas, S. L. (2000). The distribution of dropout and turnover rates among urban and suburban high schools. *Sociology of Education*, **73**, 39-67.

Rumberger, R. W., & Lim, S. A. (2008). Why Students Drop Out of School: A Review of 25 Years of Research. Santa Barbara, CA: California Dropout Research Project Report #15. 〈http:// uchilishteto.org/data/researchreport15.pdf〉(2015 年 12 月 28 日)

Rumberger, R. W., & Rotermund, S. (2012). *The relationship between engagement and high school dropout*. In Christenson, Reschly, S. L., & Wylie, A. L. C. (Ed.), Handbook of research on student engagement: Springer, 491-513.

Ritter, G. W., Barnett, J. H., Denny, G. S., & Albin G. R. (2009). The effectiveness of volunteer tutoring programs for elementary and middle school students: A meta-analysis. *Review of Educational Research*, 79, 3-38.

Sadock, B. J., & Sadock, V. A. (Eds.) (2015). *Kaplan and Sadock's Synopsis of Psychiatry: Behavioral Sciences/Clinical Psychiatry*. 9th ed. PA: Lippincott Williams and Wilkins. (井上 令一・四宮滋子（監訳）(2004). カプラン臨床精神医学テキスト　第 2 版　メディカル・サイエンス・インターナショナル)

齊藤万比古（2000）. 不登校の病院内学級中学校卒業後 10 年間の追跡研究　児童青年精神医学とその近接領域　**41**, 1-23.

斉藤浩一（1997）. 進学高校生のストレス認知的スキーマ尺度の開発　カウンセリング研究，**30**, 234-244.

酒井　朗・林　明子（2012）. 後期近代における高校中退問題の実相と課題 ―「学校に行かない子ども」問題としての分析 ―　大妻女子大学家政系研究紀要　**48**, 67-78.

榊原禎宏（1991）. 高校中退者の意識特性に関する分析 ― 経営学的基礎研究 ― 日本教育経営学会紀要，**33**, 56 ～ 70.

Schunk, D. H. (2004). *Leaning theories: An educational perspective*. 4th ed. New Jersey: Person Education, Inc.

Schunk, D. H., & Mullen, C. A. (2012). Self-efficacy as an engaged learner. Christenson, Sandra L (Ed.), Reschly, A. L. (Ed.), Wylie, C. (Ed.) *Handbook of research on student engagement*. New York: Springer Science + Business Media, 219-235.

総務省統計局　人口推計. 〈https://www.e-stat.go.jp/stat-search/database?page=1&query=%E4%B

A%BA%E5%8F%A3%E6%8E%A8%E8%A8%88&layout=normal〉

惣脇　宏（2011）．教育政策と研究―RCTとメタアナリシスの発展―　国立教育政策研究所紀要
　　　第140集．

Sroufe, L. A., Egeland, B., Carlson, E. A., & Collins, W. A.（2005）. *The development of the*
　　　person: The Minnesota study of risk and adaptation from birth to adulthood. New York:
　　　Guilford Press.

末冨芳・臼杵龍児・大園早紀・貞清裕介・三林正裕（2015）．高等学校非卒業率データベースの構
　　　築と基礎分析（1）：2002-2012年度都道府県別データを用いた変動分析および中退率との乖離
　　　要因の検討　教育學雑誌　**51**, 49-60.

杉江修治・清水明子（2000）．高校中途退学研究の動向と課題　中京大学教養論叢　**41**(1), 923-941.

杉原一昭・藤生英行・熊谷恵子・山中克夫（2002）．学校生活サポートテスト　田研出版．

高橋正雄（1987）．Great Grandfather ―偉大なる祖父―（第1報）　日本病跡学雑誌　**33**, 69-72.

高橋葉子・玄田有史（2004）．中学卒・高等学校退学と労働市場　社會科學研究　**55**, 29-49.

竹綱誠一郎（2001）．高校中途退学に関する3年間の縦断的研究　研究年報／學習院大學文學部
　　　48, 261-277.

竹綱誠一郎・鎌原雅彦・小方涼子・高木尋子・高梨　実（2003）．高校中退予測要因の縦断的研究
　　　人文（学習院大学人文科学研究所）　**2**, 103-109.

竹綱誠一郎・鎌原雅彦・小方涼子・高木尋子・高梨　実（2009）．高校生の学校適応に関する縦断
　　　的研究―重要な他者との関係と学校雰囲気の影響―　人文（学習院大学人文科学研究所）　**8**,
　　　111-118.

田中道弘（1999）．Rosenbergの自尊感情尺度に対する回答理由の研究　日本青年心理学会大会発
　　　表論文集　**7**, 29-30.

田中道弘・上地勝・市村國夫（2003）．Rosenbergの自尊感情尺度項目の再検討　茨城大学教育学
　　　部紀要　**52**, 115-126.

Tesseneer, R. A., & Tesseneer, L. M.（1958）. Review of the literature on school dropout, *National
　　　Association of Secondary School Principals Bulletin*, **42**, 141-153.

Times of San Diego.（2014）. San Diego Has Lowest Dropout Rate Among Large School Districts.
　　　〈https://timesofsandiego.com/education/2014/04/28/san-diego-lowest-dropout-rate-among-
　　　large-school-districts/〉（2015年9月16日）

土岐玲奈（2014）．単位制高校における生徒の在籍状況把握事例とその特徴：定時制・通信制高校
　　　のデータから　独立行政法人国立青少年教育振興機構青少年教育研究センター紀要　**3**, 69-81.

冨安浩樹（1997）．大学生における進路決定自己効力と進路決定行動との関連　発達心理学研究　**8**,
　　　15-25.

東京都教育委員会（2013）．「都立高校中途退学者等追跡調査」報告書〈http://www.metro.tokyo.
　　　jp/INET/CHOUSA/2013/03/DATA/60n3s302.pdf〉（2015年9月16日）

東京都教育委員会（2016）．不登校・中途退学対策検討委員会報告書〜　一人一人の児童・生徒の育ちを学校・社会で支え，そして自立へ〜〈http://www.kyoiku.metro.tokyo.jp/press/2016/pr160212c.html〉

United States. Department of Justice. (2000). The High/Scope Perry Preschool Project", Juvenile Justice Bulletin October 2000, https://www.ncjrs.gov/pdffiles1/ojjdp/181725.pdf（2015 年 9 月 16 日）.

Wells, S., Bechard, S., & Hamby, J. V. (1989). How to identify at-risk students. Solutions and Strategies, 2: National Dropout Prevention Center at Clemson University〈http://ndpc-web.clemson.edu/sites/default/files/SS02.pdf〉

財団法人社会経済生産性本部（2007）．ニートの状態にある若年者の実態及び支援策に関する調査報告書．〈http://www.mhlw.go.jp/houdou/2007/06/h0628-1.html〉（2015 年 9 月 16 日）

いじめ被害生徒の支援における三次予防の視点
― 教育的対応と心理援助を組み合わせた実践を通じて ―

『教育課程研究論集』(9), 63-73, 2021 より転載

要旨

　いじめを受け「学校をやめたい」と訴えた高校生に教室復帰に至るまでの支援を行った実践の報告である。本事例を通じて，いじめの三次予防（いじめが起きてしまったあとの被害性生徒の回復と復帰のための介入）に活用できると考えられる3つの視点が見出された。それらは，①教育的対応に心理援助を組み合わせた迅速な介入が有効であるということ，②被害生徒の恐怖心は，加害側の生徒の変容を信じられることにより低減するということ，③早期に被害生徒を力づける人的資源につなぎ，被害生徒を囲む支援者の輪を広げるチーム支援が有効であるということである。スクールカウンセラー等の心理援助の専門家が学校に常駐し，生徒の状況に応じたチーム支援が迅速に行われることが，いじめの三次予防のために有効と言える。

1　本事例の背景と目的

　いじめは，被害者と加害者の双方に深刻な影響をもたらす（Beane, Miller, Spurling, 2008[1]; Beane, 2011[2]）。被害者に対しては，自信の喪失，集中できない，学業不振，学校恐怖症，社会的経験からの引きこもり，自尊感情の低下，悲痛，無用感，抑うつ，怒り，自殺を考える等の影響が指摘されている。加害者に対しては，攻撃という方法が欲しいもの（満足感，力，金品等）を手に入れることを成功させる方略であることを学習するといった影響が指摘されている。いじめの予防は，いのちと安全・安心を守るべき，また，「人権感覚の涵養」（文部科学省, 2008）[3]を推進すべき学校教育の喫緊の課題である。

　一方，いじめの認知件数は，増加の一途をたどっている。令和元年度「児童生徒の問題行動・不登校等生徒指導上の諸課題に関する調査結果」（文部科学省, 2020）[6]によると，小・中・高等学校及び特別支援学校におけるいじめの認知件数は612,496件で，前年度より68,563件増加している。認知件数の増加の背景のひとつに，いじめに関する国の動きがある。

　いじめによる自殺の問題が後を絶たない中，2013年2月，教育再生実行委員会議が「社会総がかりでいじめに対峙していくための基本的な理念や体制を整備する法律の制定が必要」と提言を行った。同年6月，「いじめ防止対策推進法」が成立し，同9月に施行された。この「いじめ防止対策推進法」では，いじめの定義を「当該児童生徒が在籍する学校に在籍している等当該児童生徒と一定の人的関係にある他の児童生徒が行う心理的又は物理的な影響を与える行為（インターネットを通じて行われるものを含む）であって，当該行為の対象となった児童生徒が心身の苦痛を感じているものをいう」としている。いじめの定義に関しては，文部科学省（文部省）が「児童生徒の問題行動等生徒指導上の諸問題に関する調査」において調査のために定義を定め，修正を重ねてきた経緯がある。その結果，いじめの問題の様態にあわせて，広くいじめを捉えることができるようになった（粕谷, 2017）[4]。

　文部科学省（2016）[5]は，いじめの認知件数が都道府県間に30倍以上の開きがあったこと（2014年度現在）を踏まえ，「いじめの認知件数が多いことは教職員の目が行き届いていることのあかし」「法律上のいじめに該当する事象は，成長過程にある児童生徒が集団で学校生活を送る上でどうしても発生するもの」「いじめの認知がなかったり，いじめの認知件数が極めて少なかったりする学校は，いじめを見逃していないか」と問題提起を行った。また，都道府県教育委員会に通知し，いじめの認知が進むための取り組みを推進した。いじめの認知件数の増加は，そのような取り組みの結果といえるが，児童生徒に「心身の苦痛」を与えるいじめが，把握されただけでも60万件以上も発生しているということは，深刻な事態である[注1]。学校はその対応に追われているはずであり，対策や予防のための方法論の共有と発展は極めて重要な課題である。

　予防医学では，一次予防（疾病の発生の未然防止），二次予防（早期発見・早期治療），三次予防（疾病の増悪を防止し機能障害を残さないための対策と社会復帰を図るためのリハビリテーション）の各段階で，それぞれの段階に適した予防手段が適用される[7]。この予防医学の観点は，学校における児童生徒の適応上の問題や，問題行動等の諸問題の予防についても有用といえる。学校は，いずれの段階でも大きな役割を果たすことができる。いじめの問題も，介入が適切に行われないことにより，前述のように深刻な影響を被害生徒に与え，また加害生徒の攻撃性を助長するものであることを考えると，一次予防，二次予防，三次予防の各段階において実施することのできる選択肢を増やすことは重要である。しかし，とりわけ三次予防（いじめが起きてしまったあとの被害性生徒の回復と復帰のための介入）については，関係者への配慮から，閉じられた中で実践の共有が行われる場合が多く，実践の積み重ねから導き出される方法論も共有・発展されにくい。

　以上のことから，本報告では，事例を通じて，いじめの三次予防に活用できると考えられる視点について提言を行うことを目的とする。報告するのは，いじめを受け「学校をやめたい」と訴えた高校生が，教育的対応と心理援助を組み合わせた支援により，教室復帰に至った事例である。被害生徒が学校の復帰

に至ったのは，チームとしての取り組みがあったためであるが，本事例では，臨床心理士の資格を有する教員がチームの一員として，被害生徒の復帰までをどのように支援したかという点に焦点を当てる。また，本事例においては，加害生徒にもそれぞれの変容が認められたが，ここでは被害生徒の変容と回復の過程に焦点を当てて報告する。

2　倫理的配慮

　事例報告にあたっては，関係者の了承を得ることが原則であるが，関係者がそれぞれの人生を生きている今，それは避けるべきであると判断し，該当校の学校長に了承を得た上で執筆し，内容についても目を通していただいた。また，学校，関係生徒が特定されないよう，事案発生年月，関係生徒の学年，性別等の属性を記載しない。関わった生徒の人数に改変を加えるとともに，事件の詳細については，それが被害生徒に大きな恐怖心を抱かせるものであったということ以外，記述しない。

3　実践校における生徒指導体制と筆者の役割

　本実践が行われた高等学校の生徒指導部の組織は，図1のとおりであった。臨床心理士の資格を有する教員が生徒相談係（当時の校務分掌表では1名）を務め，生徒・保護者・教員を対象とした相談活動を担っていた。生徒相談係は，生徒指導部の定例部会や臨時の部会に出席し，生徒指導係と連携して，問題行動への対応も担っていた。

　相談室への生徒の来室の頻度は高く，ホームルーム担任や友人に連れられて来室する生徒，教員や友人に勧められて来室する生徒，授業等での筆者との関わりを通じて来室する生徒など，来室のきっかけはさまざまであった。当時，筆者が対応した生徒の人数を表1に記した。

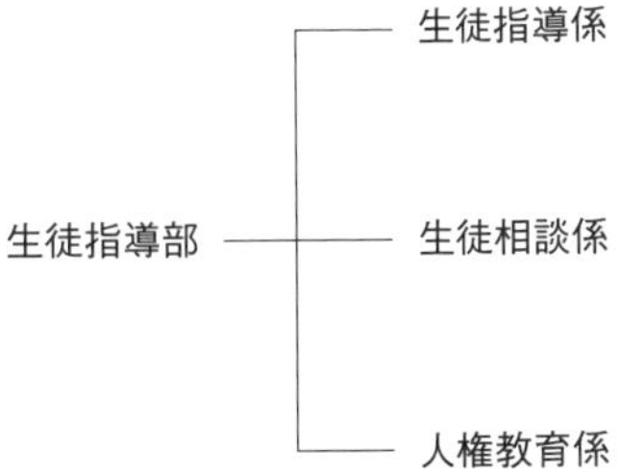

図1　生徒指導部の組織

```
                ┌─── 生徒指導係
                │
生徒指導部 ──────┼─── 生徒相談係
                │
                └─── 人権教育係
```

表1　A 高等学校生徒相談係の生徒対応人数

相談内容	延べ人数
不登校・不適応傾向	14
発達障害・疾患	11
いじめ・DV	25
対人関係の問題	30
学習・進路の問題	7
家庭の問題	6
問題行動・その他	36
合計	129

　当該校には教育委員会によりスクールカウンセラーが配置され，生徒相談係が，希望する生徒・保護者を校外のカウンセラーにつなぐ窓口になっていた。スクールカウンセラーは事前予約制であるのに対し，駆け込みの相談や迅速な対応が必要な事案が多く，日常的に生徒につながりのある生徒相談係の支援を求めて来る生徒も多かった。教員が，生徒の異変に気づいて相談に来たり，生徒を連れて来室したり，保護者に来談を勧めたりすることもあった。そのため，スクールカウンセラーを活用する仕組みは持ちつつも，結果的に筆者が臨床心理学を生かした支援を担うことも多かった。次に述べる事例も，迅速なチームでの対応が必要となり，筆者が心理援助を担うこととなったケースである。

4　いじめ事案の把握と初期対応

4.1　学校によるいじめの把握と被害生徒宅への家庭訪問

　20XX年X月X日の朝，Aの母親からホームルーム担任に，電話が入った。前日の放課後，子どもが複数の生徒にいじめを受け，学校をやめると言っているという内容であった。すぐに，当該学年の生徒指導係から生徒指導主任，教

頭，学校長へと報告が上がり，生徒相談室にも連絡が入った。その朝のうち
に，ホームルーム担任と生徒相談係（筆者）が，Aの家を訪問することになっ
た（緊急の事案が生じた際に動く必要のある教員の授業は，当該教科または当
該教科とグループを組んでいる教員がカバーする体制ができていた）。筆者た
ちが訪問すると，母親の学校への憤りは強く，弁護士に相談するつもりである
と言った。筆者は母親に，「まずはAと話をさせてほしい」と伝え，その間，
担任は別室で母親の話を聞いた。

　Aは，前日のできごとを語った。放課後，ホームルーム教室で複数の生徒
に囲まれ，あることを責められた。一部の生徒は，暴力的な言動もとってい
た。Aは，「自分がいけない」「自分がいると，みんなの迷惑になる」「学校が
怖い」「学校をやめたい」と語った。Aが，原因を自分に帰属し，強い自責の
念に苦しんでいることがうかがわれた。まずは帰属を変える必要があると判断
された。筆者は「どんな人も，うまくできないことがある。だからといって，
誰もがその人を大勢で囲んで責めたりしない。ある人は何かを理由にしていじ
めるし，ある人はいじめない。今回のように，一方的に人に苦痛を与える行為
はいじめに該当すると私たちは考える。いじめは加害者の側の問題である。A
が自分を責める必要はない」という趣旨の話をした。Aは，激しく泣いた。A
が落ち着くのを待って，「これからのことを一緒に考えよう」と，翌日も家庭
訪問をすることを約束した。

　その後，担任と筆者が交代し，筆者は母親に本人の状況を伝えるとともに，
「本人が再び登校できるように，できる限りのことをするので，学校に協力し
てほしい」と伝え，翌日以降も，担任と筆者が家庭訪問することについて了
承を得た。

4.2　加害生徒への対応

　担任と筆者が学校に戻ると，すぐに生徒指導部会が招集され，事実の概要
と，加害側の関係生徒全員の聞き取りの手順が確認された。それぞれの生徒に
個別の部屋が用意され，割り当てに従って，担当教員が事実の聞き取りを行っ
た。この事件は，前述のように6人の生徒がAを囲んで責めた形となってい

たが，その中でBのみは「手も口も出さなかった」とAが語っていた。筆者は，Bの聞き取りを担当した。Bは「事態がどんどんエスカレートした。止めたかったが，止められなかった」と語り，悔やみ，自責している様子を見せた。筆者はBに，「Aが学校をやめたいと言っている。このままでいくと，このできごとがAの人生を変えてしまう。Aが学校に戻れるように支援したいので，力を貸してほしい」と伝えた。Bは深く頷き，この後，Aの学校復帰までを変わることなく支え続ける存在となった。

　生徒への聞き取り後，再度，生徒指導部会が開かれ，それぞれの教員が聞き取った情報が共有された。また，教員の指導により，5人の生徒は自分たちがしてしまったことの結果を理解し，非があることを認めた。その日のうちに保護者と本人に学校長が申し渡しを行い，5人は翌日から登校反省指導に入ることになった。

4. 3　事件把握の翌日の対応

　翌日（X月X日＋1日）は，担任と筆者がそれぞれの授業の合間に別々に訪問した。筆者がAに，前日の学校の対応と，Bが「止めたかったが，止められなかった」と悔やみ，自責していることを伝えると，Aは涙をこぼした。Aは眠れておらず，「体がかちかちで痛い」と語った。筆者は，恐怖体験によって体が緊張しやすくなることを伝えるとともに，怖さや緊張を低減させる方法として，また，眠れないときに活用できる方法として，リラクセーション（呼吸法と筋弛緩法）を伝えた[注2]。とにかくゆっくり休み，今後のことについては来週また一緒に考えようと伝え，週末を迎えることになった。

　一方，学校では，登校反省中の加害生徒に教員チームが，問題と向き合うための指導を行った。その後，生徒たちを一室に集め，Aの支援者の立場から筆者が，Aの苦しみの深さを代弁し，このことによってAの人生が変わってしまう可能性があることを伝えた。そして，「Aが登校できるように自分も最善を尽くす。皆も一緒に，何ができるか考えてほしい」と伝えた。その後，Aが学校に戻れるためにできることを，生徒たちに話し合わせた。前向きな意見や考えを大切に扱っていく中で，微妙な温度差のある生徒たちの思いも，どう償

うかという点に向かって動き始めた。Aに会って謝罪をしたいと言う生徒もいたが，筆者が，できごとへの恐怖心がまだ本人の中にあることを伝え，訪問も電話も控える必要があることを伝えた。生徒たちは手紙で謝罪することを選んだ。

5 相談室登校から教室復帰へ

5.1 裏門からの登校

　翌週の月曜日（X月X日＋4日），筆者はAの家庭訪問の際，生徒たちが書いた謝罪の手紙を持参した。予想通り，Aはまだ，手紙を読む気持ちになれない様子であった。筆者は，Aの復帰を願う思いが皆の手紙に書かれていることだけを伝えた。Aは，前回の筆者の家庭訪問の後「信じられないぐらい寝た」と語り，憔悴した様子も薄れていた。Aは，「親にこれ以上心配をかけたくない。学校はまだ怖いけど，行けるようにがんばりたい」と言った。筆者は，再登校に向けた支援を約束した。

　はじめに，学校に対して感じる怖さの問題を扱っていくこととした。「事件が起こったときの怖さを100とすると，今どのぐらい？」と問うと，「80ぐらい」という回答であった[注3]。一緒にリラクセーションをした後，「どのぐらい？」と問うと，「60ぐらい」と言う。「（学校に行くのは）今日はまだ無理かな」と言って筆者が思案していると，Aが，「やっぱり，今日行きたい」と言う。どういう形であれば行けるかを話し合った結果，「授業中に裏門から入って，相談室のドアにタッチし，ダッシュで帰ってくる」という目標となった。「学校に行ってくるね」と家を出るAを，母親は驚いた表情で見ていた。

　授業中の学校の裏門のあたりは静かであった。Aは，門の手前まで行ったものの，そこで立ち止まってしまった。筆者が手を差し延べると，Aは頷き，筆者の手を握った。門を通る瞬間，その手に非常に強い力が入った。手をつないだまま，Aと筆者は走って相談室がある建物の裏口に行き，そこで靴を脱ぎ，

素足のまま廊下を走った。Aが相談室のドアにタッチ。再び全速力で門外まで戻る。門を出たときのAの表情は，硬くこわばっていた。あとは，ゆっくりAの自宅まで歩いた。帰宅してAが，相談室まで行けたことを報告すると，母親は涙をこぼした。

5.2　相談室登校と不安階層表の作成

　その翌日（X月X日＋5日）から，Aの恐怖心の状況や意向を丁寧に確かめながら，段階的に少しずつ，学校に慣れていく方法をとった。初日は，筆者がAの家に迎えに行き，前日と同じルートを通り，相談室の中で少しだけ過ごし，一緒に帰宅した。次には，AとBの意向を受け，2人が会える時間を設定した。2人は再会を喜び，うれしそうに話していた。

　その後，Aは授業中であれば，一人で相談室に登校できるようになった。筆者の授業や，他の生徒の来室等があるため，相談室で過ごす時間は1〜2時間程度であった。相談室では，授業に復帰するための段階をAと話し合い，不安階層表を作成した。不安階層表は，行動療法の一技法である系統的脱感作（Systematic desensitization）[注4] において用いられるもので，不安や恐怖を感じる場所や状況を階層化したものである。Aとともに，場所と時間，そして一緒に行動する人を組み合わせて付箋に書き，最も怖い状況を100として，0まで縦に並べ，不安階層表を作成した。作成した不安階層表の一部を図2に示す。

　Aが最も怖さや不安を感じる場所は，事件が発生したホームルーム教室であった。皆が出入りする生徒昇降口を通ることも，怖さを感じることであった。また，他の生徒たちが登校する朝，登校するのも，怖さを感じることであった。系統的脱感作には想像の中でそこに行き，不安や恐怖の低減を図る段階があるが，A

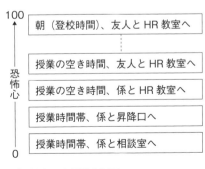

注) 教室：事件発生場所

図2　不安階層表

は当初から行動することを選んだ。一番下の段階が達成できると、その付箋をはがし、はがした場所（0の位置）に上の付箋を移し、だるま落としのように、課題を減らしていった。その日の目標や自分の進歩が目に見えるため、Aは意欲的に取り組んだ。図2に記載されている「友人」とはBのことで、毎日相談室にAに会いに来て、教室復帰までを支えてくれた。

5.3　教員による学習支援

　Aの教室への復帰を、もう一方で力強く支えたのが、教員であった。Aは、相談室に一人で登校できるようになった後、筆者が付き添えば、別棟にある担任がいる部屋にも行けるようになった。その後、授業中であれば一人で担任がいる部屋にも行けるようになった。Aは事件のために授業に出席できず、学習が途絶えてしまっており、試験も間近に迫っていた。Aも学習することを望んだため、担任の部屋で教科担当に個人指導をしてもらうことになった。担任が教員との組み合わせをコーディネートし、Aはさまざまな先生方にあたたかく関わってもらいながら、学習の遅れをとり戻したり、試験勉強をしたりすることができた。Aの表情が、日々明るくなっていくのがわかった。

5.4　教室への復帰

　Aの最後の課題は、他の生徒が登校する朝に登校し、教室に行くことであった。その日の朝は、BがAの家に迎えに行き、一緒に登校した。Aは、相談室に寄った後、「授業に出てみる」と言い、Bと肩を並べて教室のほうに歩いて行った。その日、AはBとともにすべての授業に出席した。事件の発生から、約2週間後のことであった。

　Aは復帰後、筆者に「お母さんが、お前はたくさんの人に支えてもらったから、卒業したら、今度は人を支える仕事に就きなさいと言った」と語った。Aはその後、卒業した。

5.5　Aの恐怖心の変化

　Aへの支援は，前述のように，事件が起こったときの怖さを 100 として，今，何がどのぐらい怖いかという自己報告を確認しながら進めた。図 3 は，事件発生直後の恐怖心を 100 としたときの恐怖心の変化を記したものである。

　上述の通り，B～Fが手紙を通じて謝罪をした後でも，Aは恐怖心が 60 残っていることを報告した。その後，前述のようにBや教員に支えられ，学校に順次慣れていく中で，C～Fへの恐怖心が低減している。

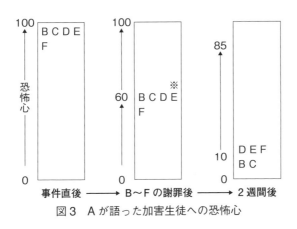

図3　Aが語った加害生徒への恐怖心

6　考察と提言 ― いじめの予防と対応に向けて ―

　本事例において，Aの学校復帰が可能になったのは，何より，A自身に，人を信頼し，前に進もうとする力があったことが大きい。また，保護者も，当初は学校への強い憤りを伝えたが，学校や教員を信じ，Aの力強い支えとなってくれた。そのように，生徒や保護者に助けられることの多かった事例であるが，いくつかの観点でこの実践を意味づけることができる。

　第 1 に，教育的対応に心理援助を組み合わせた迅速な介入が有効であったということである。とりわけ，Aの状況に応じ，初期対応の段階で自責と恐怖

心と緊張の問題に焦点を当てた心理援助ができたことが有効であったと考えられる。筆者は，認知行動療法の訓練を受けて臨床心理士の資格を得ていた。認知行動療法は，思考・感情・行動のつながりに着目し，その変容を図っていく。思考が変われば，感情や行動も変わり，感情が変われば思考や行動も変わる。帰属の転換は，思考に働きかける方法である。Aは「自分がいけない」と考えていたが，初期対応の段階で帰属の転換を図ったことは，感情の安定につながったと考えられる^{注5}。また，Aの恐怖の程度を折々に確認し，本人の状況に添いながら，段階を踏んで不安・恐怖の低減を図っていったことも有効であったと言える。そのような心理援助を，いじめの翌朝から開始できる体制があったことが，被害生徒の回復に役立ったと考えられる。

　第2に，被害生徒の恐怖心は，加害側の生徒の変容を信じられることにより低減するということである。本事例では，加害生徒に償いの道を歩むことを励まし，その変容を丁寧にAに伝えていった。自分を脅かす者がもう学校にはないという安心感が得られたことは，Aの学校への恐怖の低減の上で重要なことであった。本事例では，謝罪直後のAの恐怖心は100から60までしか低減していなかった。学校におけるいじめの対応では，謝罪が行われた段階で，問題が収束したと判断されることがあるかもしれない。しかし，生徒の現実はそうではないことをこの事例は伝えている。謝罪をされること以上に，被害生徒にとって重要であるのは，謝罪を行った側に真に変容が生じたか，学校にもはや脅威はないか，そしてそのことを信じられるかということである。加害生徒の変容のための指導・支援は，本人のために必要であるばかりでなく，被害生徒の回復のためにも重要な意味を持つといえる。心理援助は個人の変容を目指すものであり，その専門家がチームに加わることは，加害生徒の変容，及びその変容を被害生徒が信じられるようになるために有効であると考えられる。

　第3に，早期に被害生徒を力づける人的資源につなぎ，被害生徒を囲む支援者の輪を広げるチーム支援が有効であったということである。本実践でAを力強く支えたのは，はからずも加害生徒の側に立ってしまったBの存在であった。その支えが，最後の課題である朝の登校と教室に行くことへの恐怖心を低減させる重要な働きを持っていた。また，無理をさせないように少しずつ

学校の中での活動範囲を広げ，ホームルーム担任がいる部屋に行けるようになった段階を見はからって，教科担当による学習支援を始めた。Aは，授業に行けばその教科担当に見守られながら学習することになる。教科担当とつながっているという安心感は，Aが授業に復帰する上でも有益であった。筆者は，臨床心理士の重要な仕事は「つなぐ」ことであることを養成や研修を通じて学び，支援対象を何に，また誰につなぐかということを常に考える立場であった。「つなぐ」という視点は，学校における生徒指導・生徒支援において重要と考えられる。

　本事例におけるいじめの対応は，以上のように，教育的対応に心理援助を組み合わせて行った支援であった。この事例において心理援助を担ったのは，臨床心理士の資格を有する教員であった。一人の人間が評価や指導をする教員の立場と心理援助をする立場を併せ持つことには問題が伴うが，この事例においては，本人へのすみやかな対応が急務であった。また，援助者が日常的・恒常的に生徒に関わることができる立場であったこと，校内のシステムや資源が見える立場であったこと，生徒指導部をはじめ組織の対応について意見を求められたり伝えたりできる立場であったこと等が有効に働いた可能性がある。末内（2009）[10]は，心理援助の専門性を持った教員が学校にいることの意義を伝えている。また，臨床心理士の資格を有する教員に加点を行い，積極的に採用している都道府県もある。しかし，そのような例は全国的に多いとはいえず，鍵になるのはスクールカウンセラーの活用であると考えられる。

　米国では，1980年代に，各州で常勤のスクールカウンセラーの配置が進められた。また，心理援助の専門性が高いスクールサイコロジストも，学校区に複数配置され，アセスメント，予防的教育，介入等の場面で各校の教育をカバーしている。一方，日本では，学校に配置されているスクールカウンセラーの多くが非常勤であり，迅速な，また変化する状況に対応するチーム支援に恒常的に参画することは難しい状況がある。そのことも，いじめの問題への対応が充分といえない学校の現状を生んでいる可能性がある。

　臨床心理士や公認心理師といった心理援助の専門家がスクールカウンセラーとして学校に常駐していれば，学校ができる児童生徒への支援の幅は格段に広

くなる。本報告は三次予防の事例報告であるが，一次予防，二次予防の段階においても，心理援助の専門家が果たせる役割は大きい。スクールカウンセラーの常勤化が進み，学校が恒常的な協働の場となることで，より効力が高いチーム支援が可能になると考えられる。

【注】

注1）筆者が教員として，あるいはスクールカウンセラーとして関わった児童生徒・保護者は，対応が充分なされない，あるいは被害者が学校に行かなくなることによって「解決」されたままのいじめが，校種を問わず少なくないことを伝えていた。その結果，人間不信をぬぐえずにいたり，心身の健康の問題に直面していたり，恐怖や怯えをその後も抱えていたり，学校で身につけることができたはずの基礎学力が欠落したままであったり，新しい対人関係を築くことを避けていたり，就職や経済的自立になかなか踏み出せなかったり，困難を抱えたままの児童生徒も少なくなかった。

注2）リラクセーションは，「不安とリラックスは両立しない」というWolpeの「逆制止」の原理を用い，拮抗する反応（リラックスした状態）を用いて不安を低減する方法である。ネガティブな感情を引き起こす刺激を避け，登校しない若者の介入方法のひとつとして，リラクセーションが有効であるとされている(Kearney, 2001)[8]。

注3）これは，認知行動療法で用いられる方法で，本人が症状の主観的な強さを数値化して評価する自覚的障害尺度（Subject Uunit of Disturbance Scale: SUDs）と呼ばれる。

注4）系統的脱感作は，リラクセーションを用いながら，不安を段階的に除去する方法である（氏原・亀口・成田・東山・山中，2006）[7]。系統的脱感作では，クライエントとともに，不安の強い場面から弱い場面まで順序だてた「不安階層表」を作成し，不安の小さい場面から順に不安を除去していく。

注5）児童生徒が，いじめを受けた際，教員に「お前に原因がある」などと言われたことを，後につらい思い出として語ることがある。「いじめられている側にも責任がある」という言葉は，苦しみの中にいる児童生徒をさらに傷つけ，学校や教師への信頼を断つ言葉といえる。「いじめ防止等のための基本的な方針」（文部科学省，2013）[9]にも，「いじめられた児童生徒から，事実関係の聴取を行う。その際，いじめられている児童生徒にも責任があるという考え方はあってはならず，『あなたが悪いのではない』ことをはっきりと伝えるなど」の対応をすることが記されている。

引用文献

(1) Beane L. A., Miller T.W., Spurling R. (2008) The Bully Free Program :A Profile for Prevention in the School Setting: T.W.Miller (ed.), *School Violence and Primary Prevention*. New York: Springer

Science + Business Media Springer, 391-404.

(2) Beane L. A. (2011) *Bully Free Classroom*, Minneapolis: Free Spirit Publishing Inc, .

(3) 文部科学省　人権教育の指導方法等に関する調査研究会議（2008）人権教育の指導方法等の在り方について［第三次とりまとめ］．https://www.mext.go.jp/b_menu/shingi/chousa/shotou/024/report/08041404.htm（2021 年 10 月 8 日）

(4) 粕谷 貴志（2017）いじめの定義の理解と求められる教育実践，奈良教育大学教職大学院研究紀要学校教育実践研究（9），109-114.

(5) 文部科学省（2016）いじめの認知について．https://www.mext.go.jp/b_menu/shingi/chousa/shotou/124/shiryo/__icsFiles/afieldfile/2016/10/26/1378716_001.pdf（2021 年 10 月 8 日）

(6) 文部科学省（2020）令和元年度 児童生徒の問題行動・不登校等生徒指導上の諸課題に関する調査結果について．https://www.mext.go.jp/content/20201015-mext_jidou02-100002753_01.pdf（2021 年 10 月 8 日）

(7) 辻一郎・小山洋（2021）シンプル公衆衛生学，南江堂，55-57.

(8) Kearney A. C. (2001) *School Refusal Behavior in Youth: A Functional Approach to Assessment and Treatment*, Washington DC: American Psychological Association, 135-150.

(9) 文部科学省（2013）いじめ防止等のための基本的な方針，https://www.mext.go.jp/component/a_menu/education/detail/__icsFiles/afieldfile/2019/06/26/ 1400030_007.pdf（2021 年 10 月 8 日）

(10) 末内佳代（2009）臨床心理士の資格を有する教師の現状と課題（Ⅱ）―教師への面接調査を通して―，鳴門教育大学研究紀要（24），119-129.

あとがき

　米国・カリフォルニア州のサンディエゴ市は，学校区ぐるみのドロップアウト予防プログラムにより，米国の中でも卒業率を目覚ましく高めてきた街である。筆者は，筑波大学の派遣で，サンディエゴ市のドロップアウトの予防の取り組みに学ぶ機会を得た。訪問した高等学校には，地域の資源と高校生をつなぐコーディネーターが専属におり，人々がチームになって，市のドロップアウト予防に取り組んでいた。

　サンディエゴにほど近い町のある小学校では，スクールサイコロジストのシャドウイングをして一日を過ごした。そこは，先住民族を含むマイノリティーの人々が多く暮らす地域で，子どもたちはさまざまな困難を抱えているということであった。小学校の中にある就学前教育のクラスでは，子どもたちが，スクールサイコロジストを囲んで，楽しそうに歌を歌いながら，ネガティブな感情への対処の仕方を学んでいた。文献では読んでいたが，就学前教育を無償で保障し，予防的な心理教育により向社会的行動を身につける機会をどの子どもにも保障することが，ドロップアウトをはじめとする諸課題の予防として有益であるということが実感された。

　また，サンディエゴ市街から少し離れた町では，地域の公園で行われる親学習のプログラムに参加させていただいた。そのプログラムは，市のコミュニティー・カレッジや，市内のいろいろな公園で定期的に開催され，誰もが無料で参加できるものであった。親学習と，そのための施設建設に多くの予算をかけていることについて，幼児教育を専門とするコミュニティー・カレッジの先生が，「幼児期にかける1ドルは，後の7ドルに相当する。そこにお金をかけることの意義を，市民はよくわかっている」と語った。本研究で引用した費用便益分析の研究の成果が市民レベルで理解され，市の教育政策に生かされていた。

　筆者のパソコンを開くと，1枚の写真が広がる。それは，アフリカ系アメリカ人の十代の母親が，赤ちゃんを高く抱き上げ，笑顔の二人の目が結ばれてい

る写真である。シカゴのChild-Parent Centerのプログラムでは，母親の妊娠中から支援が開始される。写真の女性は，そのプログラムの支援により，子どもが病気から回復したことを喜ぶ10代の母親であることを，プログラムを展開する学校区のホームページが伝えていた。日本にも，このようなプログラムを，またサンディエゴで見たような親学習プログラムを，必要としている多くの親と子どもがいるはずだと，パソコンを開くたびに思う。

　宮本（2012b）は，「学校生活に適応し，授業を理解し，所定の成果をあげるためには家庭の文化的な力量が必要なため，その力のない家庭に生まれ育った子どもは，義務教育の段階ですでに学校生活についていくことができず，学ぶ意欲を喪失する。その結果，仕事に就くことも困難となる。」と述べ，「個々の家庭の初期条件の違いを無視して家庭教育に対する親の自覚を喚起することは，最も脆弱な家庭を排除する結果となっている。親の『自覚』を促す前に金銭や住宅や家族関係など生活の諸問題を解決するための具体的な支援が必要なのである。」と提言している。困難を有する人々に支援を届け，格差を埋めるために自分にできることをしていこうと，米国の人々との関わりを通じて思った。

　コロナ禍の時代を経て，貧困，不安定な家庭，親や本人の精神疾患，マイノリティーの人々の増加と，リスクの高い子どもがますますふえていくことが予想される日本社会の状況である。人々が抱える困難が，個人の責任に帰せられることのない社会の実現を，今，切に願う。

謝　辞

　あの出会いがなかったら，私はここにいなかった。この本が世に出ることも
なかった―。そのような感慨が，今，静かに胸を浸しています。どれほど感
謝してもしきれないほど，多くの皆様に，お世話になりました。

　藤生英行先生にお目にかかったのは，17年前のことでした。先生に，研究
と，臨床心理士・公認心理士への道に導いていただきました。人の幸せのため
の学問，世の中をよいものにしていくための学問ということを，いつも考えさ
せていただきました。当時の私にはとても遠かった海外の研究や実践に，目を
開かせていただきました。「日本は30年遅れている」と，それは，当時の先
生がいつもおっしゃっていたことでした。ドロップアウトの予防を見ると，遅
れが縮まるどころか，ますます開いていることを感じます。その思いが，この
研究に心を注ぐ大きな力となりました。

　大学院から高校教育の世界に戻り，新しい学校づくりや，教育委員会の仕事
に没入する中で，在籍していた博士課程での学びが続かなくなり，研究が風前
の灯火のようになったとき，藤生先生が，もう一度，前に進むチャンスを与え
てくださいました。そして，筑波大学で博士論文を執筆するご縁をいただきま
した。

　入学以来，筑波大学大学院人間総合科学研究科の先生方には，いつも，あた
たかい励ましとご指導をいただきました。副指導の大川一郎先生，安藤智子先
生には，親身なご指導を賜り，多様な視点をいただきました。長野県にゆかり
の深い田上不二夫先生には，副査としてあたたかいご指導をいただきました。
石隈利紀先生，金保安則先生，廣田栄子先生には，米国のサンディエゴ市での
学修にあたり，多くのご支援をいただきました。この論文を実感を持って書き
進めることができたのは，研究の蓄積が具体的にドロップアウトの予防に生か
されている現場を見ることができ，子どもたちのために意味深い仕事をされて
いる多くの方々に出会えたおかげです。

　筑波大学茗荷谷キャンパスに通っていた頃は，金曜日の夜，職場から高速バ

スの乗り場に車で駆けつけ，東京に向かい，月曜日の始発の高速バスで職場に戻るというというようなこともありました。立ち止まりそうになるたびに，貴重なデータを提供くださった高校生と，調査への協力をご決断くださった校長先生方，ご協力くださった教職員の皆様のことを思いました。ある高等学校は，調査結果のフィードバックをもとに，早速，入学前からの予防の取り組みを始めてくださいました。そのことに，どれほど励まされたかわかりません。

　内地留学の願いをかなえ，その後の研究の機会を与えてくださいました長野県教育委員会の関係者の皆様に，深く感謝申し上げます。長野県生涯学習推進センターでは，企画・担当した研修講座を通じて，教育や社会，子どもたちのために献身される先生方から，多くの大切な視点や言葉をいただきました。青砥恭先生，青山俊董先生，大河原美以先生，白川美也子先生，津富宏先生，宮本みち子先生，吉田博彦先生に感謝申し上げます。

　松本大学総合経営学部・人間健康学部教職センター長の山﨑保寿先生には，人として研究者としての誠実さを，いつも学ばせていただきました。恩師・斉藤金司先生は，若き日からずっと私の心の中で，子どもたちを愛おしむ力を送り続けてくださいました。宇田信夫先生・和恵先生，遠山全美先生には，健康面の支えと深い智慧をいただきました。そして，大切な教え子たち，友人，かけがえのない家族が，いつも励まし支えてくれました。本書の出版にあたっては，大学教育出版の佐藤守氏，宮永将之氏にたいへんお世話になりました。

　すべてのことに，深く感謝申し上げます。これからも，子どもたちの幸せにつながる仕事と研究を進めていきたいと思います。

■著者紹介

藤江　玲子（ふじえ・れいこ）

博士（生涯発達科学）、臨床心理士、公認心理師。
長野県松本市生まれ。早稲田大学、上越教育大学大学院、
兵庫教育大学大学院で学んだ後、筑波大学人間総合科学研
究科生涯発達科学専攻（博士課程）修了。公立高等学校教
員、県教育委員会指導主事、県生涯学習推進センター専門
主事、県教育委員会スクールカウンセラー、筑波大学客員
研究員等を経て、松本大学総合経営学部・人間健康学部教
職センター准教授、長野県立大学兼任講師。
専門分野は教育学、臨床心理学、生涯発達科学。

高校生のドロップアウトの予防に関する研究
― 子どもたちが幸せに生きることのできる社会へ ―

2023 年 2 月 15 日　初版第 1 刷発行

■著　　者──藤江玲子
■発 行 者──佐藤　守
■発 行 所──株式会社**大学教育出版**
　　　　　　〒700-0953　岡山市南区西市 855-4
　　　　　　電話(086)244-1268(代)　FAX(086)246-0294
■印刷製本──モリモト印刷㈱
■Ｄ Ｔ Ｐ──林　雅子

ISBN978-4-86692-232-4